管理者自画像

在一个组织里,管理者扮演着各种重要角色——掌舵人、团队教练、救火队长、战略规划师……这对管理者的商业素养提出了很高的要求,显然,缺少哪方面的管理素质,都会成为管理者成功之路上的短板。

在组织内部,每个人都扮演着不同的角色。对管理者来说,如何认识自己在团队中的角色定位,进而明确身份和职责,是实现有效管理的关键。

行为决定作为,身为管理者既需要拥有卓越的领导能力,更需要良好的日常习惯。古语有云:修身、齐家、治国、平天下。管理者只有不断地修正自己,才能在带领队伍的过程中驾驭人心,朝着共同的目标前进,逐步从优秀走向卓越。

MANAGERS
SELF-PORTRAIT
管理者自画像

MANAGERS
SELF-PORTRAIT

管理者
自画像

刘 啸◎著

企业管理出版社
ENTERPRISE MANAGEMENT PUBLISHING HOUSE

图书在版编目（CIP）数据

管理者自画像 / 刘啸著 . -- 北京：企业管理出版社，2016.3
ISBN 978-7-5164-1231-2

Ⅰ . ①管… Ⅱ . ①刘… Ⅲ . ①领导学 Ⅳ . ① C933

中国版本图书馆 CIP 数据核字 (2016) 第 035586 号

书　　　名：	管理者自画像
作　　　者：	刘啸
责任编辑：	尤颖　田天
书　　　号：	ISBN 978-7-5164-1231-2
出版发行：	企业管理出版社
地　　　址：	北京市海淀区紫竹院南路 17 号　　邮编 :100048
网　　　址：	http://www.emph.cn
电　　　话：	总编室（010）68701719　发行部（010）68701816　编辑部（010）68701638
电子邮箱：	80147@sina.com
印　　　刷：	北京时捷印刷有限公司
经　　　销：	新华书店
规　　　格：	170 毫米 ×240 毫米　　16 开本　　17.5 印张　　260 千字
版　　　次：	2016 年 3 月第 1 版　　2016 年 3 月第 1 次印刷
定　　　价：	38.00 元

版权所有　翻印必究　·　印装有误　负责调换

序 言

不同的时代，不同的行业，以及不同的企业，都对管理者提出了不同的要求。具体到个人，如何判断自己是否胜任管理的岗位？什么样的人才才是真正的管理者呢？

一个不争的事实是，管理的起点是自我管理。也就是说，管理是一个"修己安人"的过程——首先做好自我约束，管理好自己；然后，再把眼光瞄准别人，管理好他人。可以说，修己是安人的起点，是整个管理历程的出发点。一个人只有把自己原本欠缺的地方修好，使原本优良的地方加强，才能在大家面前建立起威信和信任，从而以智慧、魅力领导他人。

在汕头大学的一场学术报告中，李嘉诚先生畅谈了对于管理的看法："想当好管理者，首要的任务是知道自我管理是一项重大责任，在流动与变化万千的世界中发现自己是谁，了解自己要成为什么模样是建立尊严的基础。自我管理是一种静态管理，是培养理性力量的基本功，是人把知识和经验转化为能力的催化剂。"

对管理者来说，最大的敌人不是别人，而是他自己。受到内心欲望、外部利益的干扰，管理者容易失去理性，在团队领导上乱了章法，在商业决策上出现重大失误。不能控制自己的人很容易受别人的影响，明明知道自己的缺点，却不能下决心改正，对自己的情绪状态很难进行调节，他们表现得任性、怯懦，不能约束自己的行为，而在行动时又畏缩不前，惊慌失措，最后被别人控制。

比如，企业管理者在生意冷清、存货积压严重、员工不信任、债权人纷纷上门催款的情况下，涵养受到了最大的考验。这时若稍有不快就大发雷霆，会给员工们留下抹不掉的坏印象。如果他能控制住自己，在危难情况下仍然能够做到不抱怨、不发脾气、和善仁慈，就能真正受到员工们的爱戴，最终带领大家一起共渡难关。

有一位经理在广告公司任职，由于业务开展得很顺利，他的心情总是很好，而且对事物总是有乐观的看法，所以工作中人缘很好。他从一个城市换到另一个城市，而公司的业务员总是不离不弃。他天生就是个乐观的人。每当有朋友询问近况如何，他总是这样回答："我现在挺好，非常喜欢目前的工作。"如果哪个同事心情不好，他就会告诉对方怎样乐观地去看待事物。无论遇到什么事情，面对多大的困难，这位经理都能乐观地处理。你一定觉得这很难办到！一个人怎么可能总是乐观地对待生活呢？可是，他却实实在在地做到了。

有一次，客户向他取经："你的心态非常棒，请问你是怎么做到的？"

他说："每天早上，我一醒来就对自己说，今天有两种选择，可以选择心情愉快，也可以选择心情不好。我选择心情愉快。

"每次有人跑到我面前诉苦或抱怨，我可以选择接受他们的抱怨，也可以选择指出事情积极的一面。我选择后者。

"每次有糟糕的事情发生时，我可以选择成为一个受害者，也可以选择从中学些东西。我选择从中学习。"

事实表明，在日常管理中，自制能产生信用、智慧和价值。麦当劳公司创始人雷蒙·克罗克说："我学会了如何不被难题压垮，我不愿意同时为两件事情操心，也不让某个难题，不管多么重要，影响到我的睡眠，因为，我很清楚，如果我不这样做，就无法保持敏捷的思维和清醒的头脑以对付第二天早晨的顾客。"

管理有时就是一种选择。当管理者选择不同的心态去面对各种处境时，这种处境也会反过来影响到管理者的情绪，进而影响其决策，以及整个团队的工作氛围。面对内部团队成员，以及外部各种客户关系、市场关系，管理者不妨先审视一下自己，摸清自己的优势，也看到自己的短板；谙熟自己的性格、气质，也熟知自己的情商、人格……这样一来，在日常管理实践中才能有针对性地处置好各种关系，妥善应用各种管理工具，实现管理绩效最大化、最优化。

　　机会，成就了优秀的管理者，但也往往是机会成为他们事业发展的"陷阱"。管理者在领导一个群体之前，必须首先属于这个群体。你应比群体的其他任何成员都更要遵守已经为群体所接受的理念和行为标准。做不到这一点，那么你无论有多大的能力或才干，你也起不到领导作用。因此，管理者的自控、自我约束能力是其管理能力的重要组成部分。

　　无数事实告诉我们，对其他任何方向的有效管理，都基于自我管理，这是基础性的管理。另一方面，自我管理是管理者最有控制权的领域，有了基础就有了胜利的根基。如果你正为日常管理事务焦头烂额，或者为陷入管理困境一筹莫展，那么不妨审视自我，为自己画像，看看在哪些地方迷失了方向，又是哪些地方出了纰漏。

　　正是基于此，本书提出了构建管理者自我发现、自我解读、自我训练的管控系统，最终实现"修己安人"的管理过程，朝着既定的管理目标前行、跃进。

目 录

上篇 团队管理角色分析

第一章　团队角色：有效管理的三个关键环节　003
1. 管理者：自己"出众"才能"服众"　004
2. 被管理者：认同属下的价值，让他觉得自己很重要　007
3. 管理过程：用关键的少数带动整个团队　011

第二章　完善管理结构：主动适应管理角色转变　015
1. 组织层次决定管理者地位　016
2. 公司发展阶段决定管理模式　020
3. 从业务职责向管理职责转变　024
4. 合理调整正副手关系　028

第三章　管理者的境界：有效的领导，高效的管理　031
1. 管理风格可以千变万化　032
2. 多一些领导，少一些管理　036
3. 管理自己心底的声音　040

4. 用柔性管理去"化解"　　　　　　　　　　044

　5. 扮演好"教练"的角色　　　　　　　　　　048

　6. 管理智慧的五个层次　　　　　　　　　　052

中篇　管理者人格测试

第四章　管理者心理解读　　　　　　　　　　057
　1. 适应管理心理发展的变化　　　　　　　　058
　2. 拉不下面子，是管理者的大忌　　　　　　062
　3. 令人喜欢，还是受人尊重　　　　　　　　066
　4. 时刻修炼心理承受力　　　　　　　　　　069
　5. 重视与员工的心理契约　　　　　　　　　073
　6. 换位思考：从别人的观念看事情　　　　　077

第五章　性格测试　　　　　　　　　　　　　081
　1. 性格类型　　　　　　　　　　　　　　　082
　2. 性格特征　　　　　　　　　　　　　　　086
　3. 性格类型与管理　　　　　　　　　　　　090
　4. 性格测试　　　　　　　　　　　　　　　094

第六章　气质测试　　　　　　　　　　　　　099
　1. 气质类型　　　　　　　　　　　　　　　100
　2. 气质特征　　　　　　　　　　　　　　　103
　3. 气质类型与管理　　　　　　　　　　　　107
　4. 气质测试　　　　　　　　　　　　　　　111

第七章　情商测试　　　　　　　　　　　　　115
　1. 情商类型　　　　　　　　　　　　　　　116
　2. 情商特征　　　　　　　　　　　　　　　119

   3. 情商类型与管理　　　　　　　　　　　　　　123

   4. 情商测试　　　　　　　　　　　　　　　　127

第八章　智商测试　　　　　　　　　　　　　　133

   1. 智商类型　　　　　　　　　　　　　　　　134

   2. 智商特征　　　　　　　　　　　　　　　　138

   3. 智商类型与管理　　　　　　　　　　　　　　142

   4. 智商测试　　　　　　　　　　　　　　　　146

第九章　人格测试　　　　　　　　　　　　　　151

   1. 人格类型　　　　　　　　　　　　　　　　152

   2. 人格特征　　　　　　　　　　　　　　　　156

   3. 人格类型与管理　　　　　　　　　　　　　　160

   4. 人格测试　　　　　　　　　　　　　　　　164

下篇　优秀管理者的日常训练

第十章　管理者的定格：管理方格理论个性化　　　171

   1. 你的管理特色是什么　　　　　　　　　　　　172

   2. 只做自己应该做的事　　　　　　　　　　　　176

   3. 既要管得少，还要管得住　　　　　　　　　　180

   4. 管理要讲情、理、法　　　　　　　　　　　　184

   5. 在公司推行问责制　　　　　　　　　　　　　188

   6. 流程管理优化公司资源　　　　　　　　　　　192

第十一章　管理手段的选择：有效的管理才是最好的管理　197

   1. 管理哲学：人性如水，管理者要善加引导　　　198

   2. 管控流程：从直接控制到间接控制　　　　　　202

   3. 工作技能：从专业技能转向领导技能　　　　　206

4. 绩效模式：从个人绩效向组织绩效转变　　　　　　　209
5. 管理工具：从身先士卒到制度建设　　　　　　　　213
6. 竞争机制：让员工干劲冲天的好方法　　　　　　　217

第十二章　管理手段的学习：让每一分努力都产生价值　221

1. 发挥团队而不是个人的力量　　　　　　　　　　　222
2. 学会驾驭工作中的复杂局面　　　　　　　　　　　226
3. "戴高帽子"是一种聪明的管理术　　　　　　　　230
4. 职位越高的人，给他越多的事　　　　　　　　　　234
5. 好的制度会使"坏人"变好　　　　　　　　　　　238
6. 从家族式经营到制度化管理　　　　　　　　　　　242

第十三章　管理者自画像：修己是整个管理历程的出发点　247

1. 你是否做到了"以身作则"　　　　　　　　　　　248
2. 你是否搭建了"共享愿景"　　　　　　　　　　　252
3. 你是否习惯于"挑战现状"　　　　　　　　　　　256
4. 你是否善于"激励人心"　　　　　　　　　　　　260
5. 你是否有能力"使众人行"　　　　　　　　　　　264

上 篇
团队管理角色分析

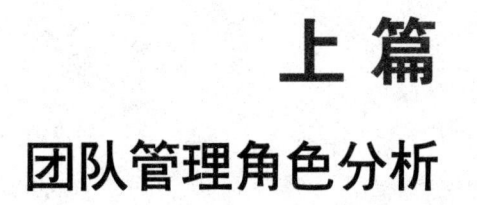

第一章
团队角色：有效管理的三个关键环节

> 在组织内部，每个人都扮演着不同的角色。对管理者来说，如何认识自己在团队中的角色定位，进而明确身份和职责，是实现有效管理的关键。

1. 管理者：自己"出众"才能"服众"

孔子说："其身正，不令而行；其身不正，虽令不从。"作为管理者，本身要拥有过人之处，才能让手下的员工信服。事实上，"管理"的命题涉及沟通、激励、变革、创新、危机化解等多个方面。因此，管理者的角色不应该像器皿一样固定不变，应该像水一样海纳百川，能够随着地势的改变灵活变通。

为此，管理者必须注重个人修养，不断地加强自身建设，才能成为合格的带队人，进而撑开场面，在员工面前树立威信。显然，管理者自身的才能是吸引人才的重要手段之一。有才能的管理者会让更多的人才聚集到自己麾下，朝着既定的目标奋进。

有一句话叫作"善为人者能自为，善治人者能自治"。管理者首先要有一身过硬的本领，才能更好地管理员工，最终带领团队高效完成各项工作，在激烈的竞争中立于不败地位。从为人处世到说话办事，管理者必须呈现出优秀出众的一面，方能令人信服，进而约束和带动部下令行禁止，这样整个团队才能焕发生机与活力。

前日本经联会会长土光敏夫，是一个非常令人敬佩的企业家，其经营方法现在依旧被人们模仿。土光敏夫出色扮演了领导者的角色，而他本人也是非常出众的，因此在团队管理中更容易令人信服，实现了"服众"。

1956年，土光敏夫出任东芝电器社长。当时，东芝电器在业内很有名，吸引了各种人才，公司内人才济济。但是，由于员工众多，组织也比较复杂，所以导致当时的管理十分松散，大家不能全身心地投入到工作中，效率十分低下。

土光敏夫上台之后，马上发现了这个弊端。随后，他提出了一个口号："一般员工要比以前多用三倍的脑，董事长则要十倍，我本人则有过之而无不及。"就这样，他以身作则，以此来激励员工，重新建立企业制度。

只有自己做到了，才能要求别人，别人才能做到。每天早上，土光敏夫都提前半小时到达公司，并且空出七点到八点的时间召集大家一起动脑思考公司的事情。土光敏夫还非常提倡节约，为了杜绝浪费，他借着一次参观的机会，给东芝的董事上了一课。

有一天，东芝的一位董事想参观一艘名叫"出光丸"的巨型油轮。由于土光敏夫已经看过了，因此决定为这位董事带路。到了约定的那一天，土光准时到达约定的"樱木町"车站，这位董事随后驾车赶到。接着，董事非常抱歉地说："社长先生，抱歉让您久等了。我看我们就搭您的车前往参观吧！"原来，董事以为土光也是乘公司的专车来的。

土光面无表情地说："我并没乘公司的轿车，我们去搭电车吧！"董事当场愣住了，羞愧得无地自容。原来土光为了杜绝浪费亲自以身作则，不使用公司的车，而乘电车。这件事立刻传遍了整个公司，上上下下立刻心生警惕，不敢再随意浪费公司的物品。由于土光以身作则点点滴滴的努力，东芝的情况乃逐渐好转，改变了制度混乱的局面。

总之，管理者在带队伍的过程中，首先要给员工做出榜样，用自己的行为给大家作出示范，这是令人信服乃至心生敬畏的前提。所以，在平时注意自己的一言一行，注意在员工面前令行禁止，是管理者的基本功。

此外，在观念上与时俱进，在战略上先人一步，在危机管控上更敏锐……都是管理者胜任岗位角色应有的素养。经验表明，综合潜质出众的人才能胜任领导职务，在管理工作上才更加游刃有余。如果某一方面存在短板，那就容易在某次危机来临时失去对局面的掌控，导致功败垂成。

历史上的宋徽宗不但是宋代的国君，更是一位著名的书画大家，他的花鸟、人物、山石绘画作品被称为神品。在北京的嘉德拍卖会上，他的《写真珍禽图》曾经创造了2350万元人民币的天价纪录。

尽管舞文弄墨有一套，但是作为一国之君，宋徽宗却不是一个称职的领导者。公元1127年，金人攻破了汴京（今开封），俘虏了宋徽宗赵佶、宋钦宗赵桓父子，连同后妃、贵族、皇室成员、大臣和工匠等近1.5万人，分批押解北上，成为历史上罕见的野蛮大迁徙。

身为一国之主，宋徽宗没有在军事上抵挡住金人的进攻，没有给自己留下带领全国人民卷土重来的机会，就做了亡国奴。被俘虏后大约过了十年，他死在了异国他乡，连一个葬身之地也没有。

孔子说："君子不器"，意思是君子不是器皿，要善于根据情势的变化灵活自主地变通，能够应对各种复杂局面。对管理者来说，在某一方面才华出众，而在其他方面眼高手低，这无疑会加剧走向挫败的危险。因此，管理者务必要时刻自省，想想自身存在哪些不足，学会弥补这种缺失，做到扬长避短。

许多失败的管理者也像宋徽宗一样，他们可能是财务或物流方面的专家，但是对人力资源或营销知识往往体会不深；他们可能在下属面前是个好领导，但在市场面前却不是出色的博弈者。于是，在弱肉强食的丛林法则面前，大浪淘沙过后总有失败者的影子。赢得领导职务固然是好事，但是从承担起管理职务的那一刻开始，我们要扪心自问：成为卓越管理者需要哪些基本素养，自己还有哪些不足和缺陷，如何变得更优秀，才能真正胜任岗位角色。

一头带领羊群的狼和一头带领狼群的羊是不可同日而语的，领导人的角色定位将主导一个团队的发展方向，它成为一种领导思维。因此，想要做"顶尖"或"优秀"带队人，管理者必须从认识自己开始，做好科学的角色定位。

优秀的管理者除了自身的才华，还要具备为人处世的品质、胜任岗位角色的素养，并对人才、市场、战略等管理主题有深刻的洞察，能运用有效的管理工具处置各种复杂难题。这都是管理者"出众"的应有之义。

给管理者的忠告

管理者不应该将自己的注意力全部集中到权力上，更应该学会提升个人素养与才干，去影响身边的人。优秀的管理者一定不会一味发表长篇宏论、沉醉于表演作秀之中而无法自拔，而是高标准地遵守组织的各项规定，努力做得更好，从而在整个团队中发挥表率作用，令人追随。

2. 被管理者：认同属下的价值，让他觉得自己很重要

在知识经济时代，员工的文化水准、智慧和人格意识得到了巨大提升，他们将为公司带来源源不断的效益和价值。与此同时，管理者必须重视和认同他们的自身价值，采取科学的、人性化的管理措施，拉近与员工之间的距离，让他们觉得自己是重要的，是企业发展过程中至关重要的一部分。在很多企业里，许多员工整天无所事事，工作提不起劲头，整日游手好闲。究其原因，正是因为他们不受领导的重视，做出的成绩不被领导认同，久而久之，他们觉得自己被忽略了，与企业格格不入，进而失去了继续奋斗的驱动力。

当员工失去了继续奋斗的动力时，整个企业就会萎靡不振，更无须再谈企业发展之类的话题了。因此，身为企业管理者，必须重视和认同员工的价值。员工是创造企业价值的人力资产，他们通过持续的学习和发展，使自身的价值得到不断增加。作为企业的管理人员必须意识到员工是企业的资产，管理者需要不断加强同员工之间的沟通，鼓励那些优秀的员工为企业不断地创造财富。

在马斯洛需要层次理论中，第四层次是尊重的需要，第五层次是自我实现的需要。所谓尊重的需要就是指个人的能力和成就得到认可，自我实现的需要是指个人的理想抱负能够得到实现。当员工来到企业工作，他需要得到领导的器重和赏识，他也会尽自己的努力去创造成绩，为公司的发展贡献力量。既然员工有这种需求，管理者就必须尽可能地创造条件去满

足他们。这既满足了员工自身的需求，又促进了公司的发展，管理者何乐而不为呢？

　　日本某矿业公司的一位经理在他年轻时，因为在工作上急于求成，性格火爆，看到完不成任务的员工总是把他们贬得一无是处，很多员工虽然嘴上不敢说，但是心里面都十分憎恨这位经理。员工们经常私下里抱怨道，自己付出的努力从来没被经理看到，反倒是一些微不足道的小错误被经理牢记在心上。很多员工觉得自己不被认可，自身价值得不到实现，因而越来越多的人选择离职，跳槽到其他企业工作。

　　人员的锐减使得公司的许多任务得不到开展，加上部门效益持续走低，总是拖公司的后腿，结果董事会决定把他调到基层矿山去担任一个矿的矿长。到职时，许多老职员早已听闻他的所作所为，对他敬而远之，连场欢迎酒会都没办。经理在矿山里待了大半年，工作一直都很被动，往日的威风也削减了不少。临近过年，矿里举办同乐会，大家都要即兴表演节目。在领导发言阶段，经理走上台，台下鸦雀无声，连掌声也没有。

　　经理很是尴尬，他面红耳赤地说道："来到咱们矿里已经半年多的时间了，可能是我领导不力，矿里一直都没做出什么成绩来。但是各位员工的努力我都看在眼里，你们的辛勤付出我深深记在心上，公司绝不会亏待每一位员工，只要你们做出成绩来，你们就是公司的榜样。曾经的我傲慢自大，从来不会去主动发现别人身上的闪光点，更不会去认同他们的价值，我总是固执己见，但如今时过境迁，我也改变了许多，我开始发现自己并不是绝对正确的，很多时候我的确需要聆听下属的声音，去认同你们的观点，去重视你们的价值……希望在新的一年里，我们一起努力，一起奋斗，为矿上的发展贡献力量。"

　　经理这一番深情的演说打动了台下的每一个人，话音刚落，雷鸣般的掌声骤然响起。很多老员工甚至留下了感动的泪水，他们彼此加油打气，一定要为公司的发展做出成绩来，否则就对不起经理。从此，经理由原来不可一世、高高在上的大领导变成了同员工谈心聊天的好伙伴，凭着自己多年的管理经验，经理把矿上管理得井井有条，老员工也凭借自己多年的基层经验，为经理出谋划策。在矿上，无论出现了一件多么难办的事，只要经理一出面，困难便会迎刃而解，事情必定能办成。

其实，每一位员工和领导的关系就像是学校中学生和老师的关系一般，他们都渴望自己得到领导的赏识和认同，得到老板的承认。只有得到了领导的认同，他们才会觉得自己的付出是值得的，才有实现自我价值的感觉。领导积极赞赏员工，认同员工的付出，便能极大地调动员工的积极性。努力工作的员工都想得到领导的赏识，让领导发现自己的才能，企图得到重用。因此，领导要慧眼识人，时常鼓励员工，用合适的方法认同员工，让员工感受到自己的重要性。

让员工感受到自己很重要是领导的必修课，其实这件事情做起来并不难。当员工完成任务的时候，领导可以说一句："你做得很好，感谢你的付出，继续加油。"这句看似平常无奇的话却能在员工心里激起无限涟漪，他们能深刻感受到自己的付出是被领导认可的，是被领导重视的，进而不断努力工作，唤醒无穷的奋斗动力。

很多员工每天都在进步，但他们更希望这种进步能被领导知道，得到领导的信任与认同。如果每天都在前进，却得不到领导一句赞赏的话，那么员工就会丧失斗志，前进的动力就会受挫。因此，身为管理者，必须要时刻关注员工的工作状态，在适当的时候对进步的员工进行认同和赞赏，给他们不断打气，激励他们更上一层楼。

比如，SOHO中国员工在谈论起潘石屹的时候，经常说："老潘是个很和气的人，为人随和，既是我们的领导，又是我们的朋友。"的确，潘石屹之所以能收获如此高的评价，正是因为他不同的领导方式。潘石屹经常和员工走在一起，同大家共同探讨公司的重要事情，把每一位员工都放在公司重要的位置上，甚至和自己平起平坐。这在无形之中便形成了一种激励，引导更多的人不断前进。

当潘石屹和基层员工遇到客户的时候，潘石屹对员工的介绍更能彰显他的修养和胸怀，他经常对客户说："这是我的同事某某某。"用同事代替员工，不仅反映出了潘石屹对员工的尊重，更让员工内心获得了满足，坚定了为公司尽职的决心。潘石屹的领导方式,让员工感受到了来自领导的重视,调动了他们的积极性,激发了他们的创造力。在多年的发展中,潘石屹带领自己的团队创造了一个又一个的辉煌,也让我们见识到了潘石屹的领导智慧。

尊重和关心员工,让员工获得公司的体贴和爱护,感受到来自领导的肯定,他们的工作也会更加努力。认可并尊重他们,能让员工受到鼓舞,得到满足。领导们可以试着从以下几个方面去努力:

首先,要打破等级观念,把自己和员工放在同一个平等的位置之上。领导要尊重员工,并经常和他们进行开放式的沟通,用这种方法来使团队中的每一位成员都感受到自己在公司中的重要性。

其次,要平等对待每一位员工,尽量做到公正。领导应该意识到,每一位员工的付出都是必不可少的,他们对公司的发展都发挥着相同的作用。无论是偏袒哪一方,都会影响到另一方的工作积极性,只有做到一视同仁,才能充分调动所有员工的积极性。

最后,要尊重底层员工。一般来说,人际关系主要体现在职位高低上,职位高的人一般更能容易受到尊重,而职位低的人则不易被人重视。作为一名领导者,如果你能善待每一位员工,充分地重视他们的工作,那么你的亲和力就会体现得更加明显。

给管理者的忠告

人们总是需要实现自己的价值,感受到自己存在的意义才能有奋斗的动力。因此,领导需要注重员工的感受,培养员工的自信心,让他们感受到领导的重视,体会在企业当中的重要地位,只有这样,才能有源源不断前进的动力。

3. 管理过程：用关键的少数带动整个团队

提起著名的科技公司微软，人们首先联想到的词汇一定是：成功的、了不起的。的确，从最初的三个员工，发展到如今全球最大的科技公司，比尔·盖茨和他的团队创造了一个举世瞩目的神话。这位神话的缔造者曾谦逊地说过："这绝不是我一个人的功劳，这份荣誉属于我们团队里的每一个人。单靠个人或者少数人的力量是难以成就事业的，个人英雄的时代早已过去。"试想，如果比尔·盖茨失去了这支优秀的团队，那么他还能创造今天的成就吗？答案一定是否定的。

大雁迁徙的场景大家一定不会陌生，深秋时节，在湛蓝的天空中，排列整齐的雁群振翅南飞。为了在长途的飞行中节省体力，大雁们会一会儿排成"人"字形，一会儿排成"一"字形。为什么大雁们能够如此有序地完成这样的动作呢？那是因为飞在队伍最前面的是整个雁群中最有经验、身体最健壮的老雁，它带领着整个雁群飞向南方。正是靠着经验老到的大雁，雁群们才能安然无恙地飞越千山万水，来到温暖的南方。这样的团队协作精神，用关键的少数带动整个团队前进的典型案例深深启迪了我们现今的管理者。

古人云："心齐，泰山移。"我们现今时常挂在嘴边的"团结就是力量"，都表明了团队合作的作用。一支高效、优秀的团队能够发挥集体优势，创造出巨大的成绩。企业是讲究团队协作的，没有一家企业会让员工们各干各事，那样的企业只能是一盘散沙，永远无法创造辉煌。

比尔·盖茨和他的微软公司能有今天的成就，与他精心打造团队是分不开的。当领导者拥有了一个团队，如何能够带动整个团队向前发展成了最重要的问题。发挥关键少数的能力是带动整个团队的不二法门，当团队刚刚建立的时候，管理者尚无法准确发现谁的能力最强，这个时候，管理者就要以身作则，发挥自己的优势，将自己树立成榜样形象，带动整个团队向前发展。

日本本田技研工业总公司的创始人本田宗一郎为人粗暴，一看见下属出错就会恶言相向，有时甚至动手，而那些工作没有出错只是缺少创新能力的人也免不了遭到他的粗暴对待。但奇怪的是，这些被他粗暴对待的员工从来不会心生怨恨，反而十分钦佩本田宗一郎做出的表率作用。因为，每当面对棘手的事情，本田宗一郎从不会要求员工先去处理，而是亲自做示范，无声地告诉员工，你们需要按照这种方法干。

1950年，为了谈一笔出口生意，本田宗一郎在一间日本餐馆里招待外国商人。但天有不测风云，外国商人在上厕所的时候不小心弄掉了假牙。本田宗一郎听说后，二话没说立刻跑到厕所，用木棒小心翼翼地在秽物中打捞。捞了好一阵子，终于找到了假牙。本田宗一郎将假牙拿出来，冲洗干净，消了毒。本田宗一郎拿着它回到宴席上，兴高采烈地把它交还给外国商人。本来掉了假牙的外国商人心情有些失落，一看到失而复得的假牙颇为惊讶，当他知道事情的来龙去脉后，认为本田宗一郎是个值得信赖的商人，这笔生意也就顺利地谈成了。

如此肮脏让人难以接受的活儿，本田宗一郎没让员工干，更没有付钱让别人干，而是亲自在秽物中打捞。这种亲力亲为的行为在员工中树立了榜样形象，让整个团队的凝聚力大大增强。在整个团队中，本田宗一郎率先发挥了自己的带头示范作用，用自己的行为给员工做了表率，无形之中激励了所有员工不畏艰难、奋发前进的精神。美国的女企业家马丽·凯·阿什在带领团队前进上更有自己的独到见解。她认为，领导者的行为就是下属们的行为，与其让团队中的优秀员工发挥带头作用，不如让领导自己先做表率，只有领导本人以身作则，才能更好地带动整个团队向前发展。

　　一个团队必须要有少数关键性的人物才能让团队协调运转，一个团队中并不需要每个人都能力超群，有时候只需要少数几个佼佼者稍加领导，便能发挥巨大力量。在团队中，既有优秀踏实肯干的人，也必定有游手好闲、不务正业的人，这时候，就需要优秀踏实肯干的人来感染游手好闲、不务正业的人，发挥榜样的力量促使他们前进，让整个团队上下一心，共同前进。

　　李嘉诚曾经只是一个卑微的打工仔，在一间小餐馆干着最肮脏不堪的活。但是，心有大志的他并不满足于此，他慧眼识人，依靠团队的力量将一间破旧的小工厂发展成为举世瞩目的跨国集团公司。这样巨大的转变令人惊叹，其中必定少不了李嘉诚出色的领导才华。李嘉诚曾经向后辈们坦言："企业的成功需要依托团队的力量，团队的主心骨必须是那些优秀的人才，只要你拥有一支高效的团队，协助你的工作，那么你成功的概率将提高80%。"

　　创业的艰难只有那些创业者最明白，李嘉诚在创业之初便决心要给员工们树立榜样。1980年，李嘉诚提拔盛颂声为董事副总经理；1985年，委任周千和为董事副总经理。盛颂声负责生产，周千和主理财务，拥有了这左膀右臂，李嘉诚的企业迅速发展壮大。在两位优秀员工的带领下，其他的员工们纷纷效仿他们的工作方法和工作态度，用他们的工作精神武装自己，共同辅佐李嘉诚成就事业，为公司的发展贡献力量。

　　优秀的人才是团队必不可少的一部分，他们虽然能力超群但也不是超凡脱俗的神灵。他们不仅有优点，也有缺点和不足。管理者在发挥优秀员工的特长时，也要从工作、生活等方面关心他们的成长，为优秀人才未来的发展创造良好的环境。

　　管理者在带领团队时，要逐步了解团队内部每一位员工的爱好特长和能力水平，根据他们自身的特长，给以施展能力的空间。这样既满足了他们的爱好，发挥了他们的特长，增强了他们的成就感和自豪感，又能使他们更加珍惜企业提供的这一平台，进一步为企业发挥自己的光和热。

在发挥优秀人才的能力之后，管理者还需要增进员工和榜样之间的了解，互相考察学习，互帮互助，共同提高。在和谐愉悦的气氛中，潜移默化地达到团结、培养的目的。只有不断地让员工们加深了解，才能充分发挥关键少数的示范作用，带动整个团队持续不断地向前进步。

给管理者的忠告

现代企业的竞争不仅仅只是依靠硬件的比拼，更多的还是需要依靠企业的团队建设氛围，以及是否拥有一支高效团队。只有具备了这些条件，企业才能有长足的竞争力和生命力，才能持续地发展，永不衰竭。发挥关键少数的带头作用，对于团队建设起着至关重要的作用，只有重视这一点，企业才能做大做强。

第二章
完善管理结构：主动适应管理角色转变

> 随着企业不断转型升级，管理者的角色和岗位也在不断发生变化。这就要求管理者要主动适应管理角色的转变，认清自身能力，认同岗位责任，认识奋斗目标。不断加强学习，加强锻炼，在实践中逐步增长才干。

1. 组织层次决定管理者地位

公司管理想要有条不紊地运行就必须得有层次，现代管理有着明显的层次分别，就企业组织结构来讲，一般的企业组织可以分成三个管理层次，不同的管理层次决定着管理者的地位和扮演的角色。

通常，一个公司有决策层、执行层和操作层。组织层次的划分通常为金字塔式，决策层的管理者为高层管理者，是最重要的角色，他们负责整个企业的经营战略、规划和生产任务的布置。也就是说，凡是关系到公司发展大局的重大问题，均由决策层处理决策。操作层的管理者为基层管理者，负责计划管理和组织生产，主要是调动下属进行团队合作，组织一线员工完成生产任务，实现工作目标。

作为执行层的中层管理者是企业的中坚力量，他们承担着企业决策、战略执行和基层管理与高层沟通的作用。他们的工作既承上启下，又独当一面，在企业中发挥着至关重要的作用。中层管理者既需要向基层管理者传达来自高层的指示，又要将基层管理者的问题反馈给高层管理者，由于中层管理者处在中间位置，因而决定了他们作为企业战略执行者的重要地位。

一个企业的成功既离不开科学正确的决策，也离不开有效的执行，二者缺一不可。作为企业战略规划的有力执行者，中层管理者逐渐被企业重视，很多企业甚至不惜花费重金从其他公司挖人，以求获得人才。

中层管理者是企业的主心骨，他们的重要性不容置疑。但是，由于很多管理者在知识观念、工作作风、素质能力上与企业的要求相去甚远，再加上他们本人对自身所扮演的角色和所处的地位认识不够，因而在企业管理中制造了不少的麻烦。中层管理者在企业中既具有领导者的身份，又兼具被领导的身份，这就要求他们在管理技能上有特殊的技能，如果不能正确对待这一客观事实，就容易管得太宽或者不敢管，出现各种各样的问题。

某公司的一位总经理一直兢兢业业，但是他有个不好的地方就是管得太宽。看到员工态度不好就要批评一顿，看到员工频繁上厕所也要批评一顿。久而久之，很多员工都有些不满。在表面上看，这位经理的确是一位负责的领导，但是他却违背了"一个员工只应接受一个领导的命令"这样的指挥原则。员工的工作态度和出勤状况等细小问题绝不是作为总经理需要操心的，这些事情是办公室主任的管理范围。

一个公司的中层管理者需要做的是传达来自高层的经营战略和生产规划，协调基层员工完成工作任务。总经理需要管理的人员应该是各个办公室的主任，各小组的组长和生产队伍的负责人。

作为中层管理者，你需要认清自己所处的地位，管得太多或者选择不管都会使公司的管理处于紊乱状态，影响公司的效益。对于员工来说，他们的上级领导有很多，如果一个领导说东，一个主任说西，前后指令不统一，被多个领导指挥，就会让他们无所适从，工作任务也就无法按时、按质、按量地完成。中层管理者如果事无巨细地都选择插一脚，包办一切，从企业的经营策略是否有效得到了执行到公司的卫生是否达标，这不仅会消耗自身的精力，还会让下属养成懒惰的习惯。

美国一位百货商场的负责人乔治在管理上十分尽心尽力，他管理的几间百货商场均位于市区的黄金地段，但是作为负责人的乔治却采取了小老板的作风，对商场事务的任何细节都要亲自过问一番。哪个部门主任需要做什么，哪个员工需要做什么都布置得妥帖稳当。当乔治在商场管理时，一切都井然有序，但是当乔治外出时，一切就乱了套。某次乔治外出度假，才出门一周，商场的管理便出现了问题，一堆反映公司问题的电话源源不断地打来，尽是些琐碎的小事。这让乔治十分头疼，他不得不提前结束了自己的假期，来公司处理那些问题。

如果乔治在管理中能够做到层次分明，清楚自己的地位，把一些不应该管理的范围下放到其他人的手中，那么他怎么会度不成一个安稳的假期呢？一切的原因就在于乔治在管理上出现了问题，因为他管得过宽，让下属滋长了惰性，大事小事都需要有自己在场才能解决，部下逐渐失去了自主思考的习惯和创造性，没了自己，便无法运转。作为企业的中层管理者，更多的是应该关注企业的全局，而不是在细枝末节的问题上煞费苦心。如果每一件事都要去管，不仅没有这样的时间和精力，更会招来高层领导者的不满，还会影响员工的工作效率，打击他们的积极性。

在某化妆品公司的操作间里，一位主管看见一个调色师正在调口红的颜色，他上前询问道："这口红的颜色好看吗？"调色师听完，马上站起来回答说："亲爱的主管先生你好，这支口红的颜色还没有完全定案，定案以后我会拿给您过目的，您现在完全没必要担心。其次，我的这支口红的消费者是女性，而您是个男人，男人和女人的审美眼光是完全不同的，如果您不喜欢并不代表女人们也不喜欢。最后，我希望您能够相信我，作为一名专业的调色师，我会对自己的专业负责，更会为自己的工作负责。如果您觉得您调色比我好，那么下个礼拜可以让您来调色。"

调色师的一番话让主管面红耳赤，这位主管知道自己管得太宽了，不由得连连抱歉，悻悻地走开了。

由于处在特殊的地位，中层管理者在管理中会时常面临各种困难和危机，这固然有不可改变的企业方面的原因，但更多的还是中层管理者自己的问题。中层管理者在面对困难时，不妨参照以下一些建议，为你的工作插上翅膀，助你腾飞。

第一，学会关照员工。

中层管理者的首要素质不是超强的学习能力和创新能力，而是对基层员工以及其他同级别管理者的真切关照。这要求中层管理者能对所有的人都给予充分的关心和照顾，对不同的人根据具体的情况加以赞扬和鼓励，对他们的生活琐事和学习计划都予以关注，站在他们的立场上出发，体会他们的难处，为他们排忧解难。在你的关心中，所有的员工都会明白你的苦心，他们便会积极工作，在一个良好的工作环境中高效地完成任务。

第二，学会坚持原则。

对于中层管理者来说，学会坚持原则十分重要，管理者必须具备执着的态度。所谓的坚持原则就是对长远目标有着清晰的认识和了解，对高层的战略规划能够坚定不移地支持，对下属部门的事务有清晰合理的安排，对员工的工作能够不厌其烦地指导。面对不断变化的市场和人员的不断整合，管理者都不能放弃原有的目标，学会坚持原则，具备执着到底的态度。

第三，学会沉着果断。

处在执行层的中层管理者，在处事时一定要果断，决不能拖泥带水。对责任勇于承担，对出现的问题要敢于追究，对犯了差错的员工要立即批评。作为直接面对员工的管理者，必须具备勇敢、沉着、果断的作风，给内部和外部树立一个赏罚分明、责任明确的形象。

给管理者的忠告

中层管理者是公司管理的中坚力量，更是公司普通员工的直接管理者，除了必须承担的管理职责外，还起着协调员工与决策者关系的作用，如果中层管理者不能发挥自己的作用，那么便会对公司的管理和决策带来很大的阻碍。

其实，无论是处在组织层次的哪一部分，无论你的地位或高或低，首先都要认清自己的职责范围，管理好自己分内的事务，只有这样，才能把工作完成到位，实现既定的工作目标。

2. 公司发展阶段决定管理模式

任何事物都是向前发展的，人有生老病死，企业也同样会经历成长、壮大、衰败的过程。既然我们无法改变这个既定的过程，那我们就要想方设法地延缓衰败的到来，没有哪个管理者会希望自己的企业尽早消亡，每一个管理者都希望自己的企业能够长青不败。为了实现这个目标，管理者就要根据公司发展的不同阶段选择合适的管理模式。只有适应发展阶段的管理模式，才能让企业渡过一个又一个难关，让基业永存，让企业腾飞。

只是很多企业主看着企业一天天壮大，却仍然搞不清自己的企业发展到了哪一步，未来要往哪个方向发展，用怎样的发展模式继续走下去。很多管理者都抱着"走一步看一步"的心理，等有了问题再想办法去解决，碰了壁之后才想回头，这样的做法不仅浪费了大量的金钱和宝贵的时间，更失去了难得的发展机遇。管理者是企业的领头羊，如果身为领头羊的你连公司发展的蓝图都没有的话，如何能够赢取员工的信任呢？因此，身为管理者的你一定要清晰地明白企业发展会经历的阶段，在不同的阶段选择不同的管理模式，为企业的飞黄腾达指点江山。

一般来说，企业的发展大致会经历以下几个阶段，初始期、发展期、稳定期、衰退期、变革期。如果把企业的发展阶段绘制成图表的话，我们可以发现，企业的发展是成抛物线性，这也说明企业的发展并不是一帆风顺的，在发展的过程中必将会历经坎坷。因此，只用同样的管理模式去协调不同发展阶段遇到的问题是绝对不行的。

韩国三星公司成立于1938年，公司最初的业务是出口干鱼、蔬菜到周边国家，后来逐步发展了制糖业和面粉业。现如今，三星公司的触手已经遍及各行各业，最为人熟知的便是电子行业。目前，三星集团是全球第二大手机生产商，处于世界领先地位。三星集团的成功离不开其前瞻性的发展目光和不断调整的管理模式。三星集团始终关注市场的走向，及时调整管理模式，坚持创新，紧跟时代发展的步伐。多年来，三星不断根据发展的阶段来调整企业工作架构，不断培养优秀人才，适应市场的变化和发展。

三星集团在20世纪六七十年代发展最为迅猛，先后在重工业和化工产业进行大规模投资，为后来登上世界舞台打下了坚实基础。与此同时，三星集团开始涉猎电子行业，他们瞄准了这一新兴并且充满商机的领域。一开始，三星仅仅是为日本三洋公司做电视机的贴牌加工，后来逐步开始制造半导体芯片。在经历众多坎坷之后，三星集团的高层管理者决定改变模式，提出了高端品牌战略，将目标锁定在高利润、高附加值的尖端科技产品上，大力发展高新技术产业。由此，三星开始步入全球技术市场，直至20世纪80年代后期，三星集团终于创建了电子行业，并且将原有的业务进行整合，迈入新的发展方向。

步入世界市场之后，三星集团意识到自己的短板所在，进行大力的整改，全面推进学习型组织的建设。三星集团是谦虚的，他们积极向索尼公司学习，并不断派遣人员到其他科技公司参观学习，在技术上不断努力，并且成立了自己的研发队伍，攻破一个又一个技术门槛。在企业管理模式上，三星集团不断向惠普公司学习，引进了一套先进的管理系统并加以创新地开发出了一套企业资源规划系统——BIZENTRO软件包，成功地完善了管理工具。

三星集团不仅仅重视生产管理，更重视质量管理。三星集团的总裁李建熙曾经说过："所有的三星人都应该把质量放在第一位，树立起质量至上的意识。否则，三星只能像流星一般，无法永存在市场之中。"为此，三星集团建立了客户满意中心，时刻关注消费者的满意状况，并将反馈结果直接向总裁报告。

埋头做产品还远远不够，为了抢占更多的市场份额，提高利润，还需要时刻关注市场的变化。随着数字化时代的到来，三星集团不仅在产品研发和设计上下功夫，还要在外形和功能上领先于其他同类产品。为了实现这个目标，三星有针对性地做了大量市场调研，不断更新产品理念，提出了一个又一个令人惊叹的概念产品。与此同时，三星集团深深意识到人才对公司发展的重要性。为此，三星广泛建立了研究机构，先后在伦敦、旧金山、东京和首尔成立研发中心，并且还建立了三星艺术与设计学院，弥补韩国本土教育中缺乏创新的弊端。

正如三星集团之父李秉喆说过的一样："在我的生命历程中，有80%的时间是用来搜罗人才的。"三星集团求贤若渴，在多年的发展中，他们建立了完善的人才管理战略和体系，甚至提出了要建立全球人力资源管理系统，为未来的发展提供充足的人才储备。

（摘自《创新之道：中外企业创新经典案例教程》）

三星的发展历程是坎坷的，也是令人羡慕的。当我们仔细观察便会发现，三星在多年的发展过程中进行了多次战略结构的调整，他们不断引进西方先进的管理模式，并且加以创新和改革，使之适应企业本身实际的发展状况，为企业未来的发展铺平道路。三星的发展对今天的管理者们有很大的借鉴意义，身为管理者的你更要根据自己企业的发展阶段选择合理的管理模式，只有这样才能立于不败之地，赢得利润，实现腾飞。那么，一个企业在不同的发展阶段有哪些特点，该选择怎样的管理模式呢？我们可以具体分析一下：

在企业刚刚创办时期，管理者常常把任何事情都看成是实现发展的机遇，拥有雄心壮志，敢拼敢干，什么都不怕。然而这个时候的企业尚未成型，很多都还是未知数，未来不甚明朗，怎样留住人才、怎样发展都是摆在面前的难题。此时，管理者要首先明确企业未来的发展目标。为员工们规划出清晰的蓝图和美好的愿景，用愿景吸引人才，留住人才，为公司发展培养人才。这个时候的管理者要运用自己的权威，建立起企业整体的价值观，像教练一般带领全部员工去拼搏，教导他们如何做事，如何把握细节，和员工们一同成长。

在企业成型之后，企业面临发展的关键时期，此时管理者要高度重视企业战略管理，使企业的业务内涵更加清晰明确，管理要更有章法。在发展的关键阶段，企业会随着规模的不断扩大拥有越来越多的员工，这个时候要建立起完善的管理制度、考核制度和薪酬制度，对有能力的员工予以重任，对不适应公司发展的员工要及时剔除。

度过艰难的发展期，企业也随之迎来稳定的时期，此时企业进入了成熟期，这是企业发展阶段中的黄金时期。在这一时期，企业的灵活性和可控性大大增加，既具备雄厚的实力，又拥有无限的发展前景。在此时，管理者要重新审视市场要求，时刻关注市场变化，做出相应的战略调整，及时改变管理模式。

当企业逐步稳定之后，由于享受到了一定的成果，很多人会开始产生惰性，对外界的变化开始麻木和迟钝，此时企业也进入了衰退期。这时市场中的企业将进行重新洗牌和调整，一批企业将被淘汰出局，而一批企业将进入重新上升的通道。这个时候，企业要改变管理层的僵化状态，转变陈旧的管理模式，该裁员的就裁员，摆脱臃肿的队伍，始终维持在精英队伍的水平。有人员离去，就要有新鲜血液融入，此时的企业需要那些勇于大胆创新的人才，只有把他们吸引进来，企业才能冲破枷锁，进入下一轮的发展。

在变革时期，企业经过重生，以一个崭新的状态开始第二次发展。这个时候，管理者要起用权威式和民主式的管理方式，只有这样才能重新振翅高飞，开始未来的发展。

给管理者的忠告

企业的发展要经历从无到有，从小到大，从弱变强的过程，这是一个不断调整，不断完善的过程。与此同时，管理者的管理方式也应随之做出相应变化，只有先了解自己的企业发展到哪一个阶段，再按照不同时期相对应的管理模式予以管理，才能获得发展，实现飞跃。

3. 从业务职责向管理职责转变

当企业逐步发展，规模不断壮大，领导的职责也在悄然发生变化。此时的市场对管理者提出了更高的要求，尤其是对管理技能的要求。因此，管理者需要完成由业务职责向管理职责的转变。很多行业都对业务职责要求很高，这些行业的管理者们往往都具备过硬的经验和能力，在长期的实践中为企业吸引了许多优质客户资源。他们也正是因此平步青云，但是原有的经验和技能已不能完全适应新的问题和状况，此时的管理者需要关注的不仅仅是那些业务层面的问题，更应该关注企业的制度、战略和行为。

很多管理者虽然清楚地明白自己角色转变之后需要处理的问题，但是由于习惯问题，他们依然喜欢时常干涉下属的工作，一旦出现问题便要亲自出面摆平。诚然，这样的管理者的确是负责的，但是这样的做法却是错误的。反而会没效率和效益，这是自我定位上出现了偏差。其实，很多企业失败并不是因为经营策略方面出现问题，也不是因为员工没有能力执行公司的方针政策，更多情况下是由于管理者离开了指挥位置，没有让自己从业务职责向管理职责进行转变。

在一个企业内部，从基层员工到公司高管，每个人所履行的岗位职责都是不同的，但在不同之中却有一个相同点，那就是上一级领导要培养下一级领导，通过科学的方式、合理的办法锻炼他们，使之符合公司要求，在培养过程中履行自己的管理职责。因此，管理者最重要的管理职责就是要培养优秀的接班人。

每个企业的管理人员都是从基层员工中选拔出来的优秀员工，他们清楚公司的业务流程，对业务有着全面的了解，因而对公司未来的发展能有前瞻性的判断。这样的员工不仅能对上级提供宝贵的建议和帮助，而且还能依靠自己的经验对下级进行指导。在这个过程中，他们悄然地完成了向管理职责的转变，并且使企业有了更好的发展和进步。

联想集团原董事局主席柳传志是一名十分优秀的领导，他在总结多年来管理企业的经验时说过："身为企业的领导，除了要具备敏锐的洞察力和判断力外，还需要慧眼识人，懂得挖掘人才、培养人才，为自己的企业选好接班人。"柳传志喜欢把自己培养人才的办法称为"缝鞋垫""做西服"，他认为："培养一个战略型的人才就和培养一个优秀的裁缝一样，你不能一开始就把最好的面料拿给他做西服，而是要让他从最基本的开始做起，先让他缝鞋垫，鞋垫做好了再做短裤，然后是长裤和衬衣，最后才能开始做西服。这个过程不能太急，要慢慢来。"

柳传志培养人才正是按照这样的方法，他从不急于求成，更不拔苗助长，他深知人才成长的过程是艰辛的，是要实打实锻炼出来的。柳传志为联想集团培养出了许许多多像郭为这样的接班人，而郭为最初只是公司里不起眼的小秘书，后来还当过司机，在联想集团工作的十几年时间里，先后换过十几个岗位，慢慢才做到了企业部总经理的位置。

柳传志把企业里的人才比作千里马，而自己则是那个能慧眼识人的伯乐。一旦发现人才，柳传志就会让他们逐步参与公司的决策和管理，从最基层的开始做起，给他们施展才华的机会和舞台，让他们在工作中不断成长。当他们能够独当一面之后，柳传志就能把管理公司的重任交托给他们，而自己就有足够的时间来思考那些更重大、更长远的问题了。

一个有能力的管理者一定会清楚地知道自己的职责，在企业具体的操作管理中，他们会主动给员工提供一定的舞台，让他们学会主动思考，并且适当地予以引导。高明的管理者能够给员工充分的空间，让他们成为企业运行的发动机而不是被动的传送带。企业的命运是和领导者的命运联系在一起的，一旦领导者从企业之中抽身离去，那么企业便会群龙无首，逐渐消亡。这样的事情是非常遗憾的，而造成这种情况的原因就是这些领导者没能履行自己的管理职责，忘记培养下一代的人才来接替自己。

在我国历史上，问起谁是最聪明绝顶的人，很多人都会异口同声地回答诸葛亮。诸葛亮被誉为我国著名的军事家、政治家和思想家，他的很多事迹在今天仍被人们口口相传。在东汉末年三国鼎立之时，诸葛亮贡献了不可磨灭的功勋，在历史的更迭中，诸葛亮早已成为了智慧的化身。不得不承认，诸葛亮的确是一个天赋极高的人才，照理来说，这样一个厉害的人物一定能带领西蜀称霸，但是在刘备死后，西蜀却很快灭亡。究其原因，正是因为诸葛亮在人才培养方面能力不足，没能选择出一个优秀的接班人，继续辅佐君王成就霸业。

在刘备死后，诸葛亮对原来的重臣进行大规模的清洗和整改，只留下那些与自己类似或性格类似的人。这样一来，西蜀的人才结构过于单一化，那些有个性、有能力的大将们难以进入到决策层面，很多有创意的意见无法得到采纳，浪费了许多宝贵的时机。作为西蜀接班人的刘禅，诸葛亮也没能予以重视。他本来有责任和义务帮助其成长，但始终没有尽到职责。因此，西蜀的灭亡与诸葛亮本身有极大的关系，他的失误就在于对人才的培养不够重视，在管理方面未能有效履行职责。

中国有句古话叫做"不孝有三，无后为大"，这对企业的成长同样具有深刻的借鉴意义。在企业内部，衡量一个领导能力的标准便是看他有没有培养出一个优秀的人才。对于职场人士来说，谁能在组织中提出好建议，谁的建议能够起到实际效果，谁的能力就越高，这在企业成长初期十分重要，但随着企业的发展，谁能发现人才、培养人才便成为衡量领导能力的重要标准。那么，如何培养人才，让管理者更好地履行管理职责呢？我的建议是按照以下几个方面去做：

第一，要学会发现。千里马也需要伯乐，人才更需要一个慧眼识人的领导。如果领导不善于发现人才，那么员工的素质和才能再突出也无济于事，始终无法得到重用。因此，领导要学会当一个合格的伯乐，在企业内部要擦亮眼睛，发现那些被埋没的人才。

第二，要懂得培养。培养人才并不仅仅是对其本职工作进行培训，还要给他们更多的岗位，让他们了解公司上上下下所有的流程状况。

第三，要寄予厚望。培养人才是为了以后让他们能承担重任，独当一面，因此在不断地给予工作任务业绩压力的同时，还要寄予厚望，提升他们的眼界，让他们不断提升能力，创造更大的辉煌。

第四，要予以重用。经过前面几个步骤之后的员工，必定是精挑细选后的优秀人才，这个时候就要适度放权，给他们一个施展才华的机会，予以重用，他日后必将成为心腹大将。

给管理者的忠告

当前的企业多如牛毛，有能力的领导者也非常之多，但是能够履行职责，善于培养人才的领导却十分稀少。作为领导者要具备前瞻性的目光，不能担心下属有一天会超越自己，这样的想法对企业毫无价值，反而会害了企业的发展。领导者要明确自己的管理职责，把自己的责任做好，做到位，带领自己的团队一步步走向成功。

4. 合理调整正副手关系

在团体中，正副手的关系一直都很微妙。对于正副手来说，他们都处于组织中的决策层面，看起来地位并不悬殊，但是手中掌握的实权却相差很大。诸如曾经的柳传志与杨元庆，任正非与孙亚芳，比尔·盖茨与史蒂夫·鲍尔默一样，他们皆是和谐的正副手关系的代表。这些配合默契的正副手协同合作，共同管理公司大大小小的事务，兢兢业业，为企业的发展注入了巨大的精力和心血。也正是因此，处理好正副手之间的关系成了许多企业领导者必须重视的问题。我们坚信，调整好正副手之间的关系，对企业的管理十分重要。

很多企业家都曾坦白，单靠个人力量去干事业是十分艰难的，但是拥有一个好搭档却是制胜的法宝。通常来说，一个好的搭档是领导的左膀右臂，为你撑起一片广阔的天地，好让你大展身手。因此，选择一个好的搭档便成功了一半。当正副手准备大干一番事业时，一定要拥有共同的目标和理想，这是合作成功的首要条件。所谓志同道合、理想一致的人，即使遇到争吵也能克服困难，达成一致意见。只有统一了目标，才能有动力不断前进。

其实，失去了一个好的副手就像折断了一只翅膀的雄鹰，任凭它再努力地挥动翅膀，也难以飞向天空。很多企业正副手之间的关系经常会出现矛盾，因而影响了整个企业的运行，身为领导者，在处理正副手关系时一定要具备极高的智慧。一个好的副手不仅仅是工作上的合作伙伴，更是生活上的知己。

双方在共同拼搏中逐渐加深了解和友谊，一起奋斗，一起成长，形成了一种坚不可摧的亲密关系，共同面对工作中的艰难苦楚，分享生活中的酸甜苦辣，为共同的目标前进，犹如亲人般默契和信任。这样的亲密关系十分难得，它能让你们之间的合作坚不可摧，共创事业的辉煌。因此，维持这样的关系便显得尤为重要，那么，身为领导的你该如何协调与副手之间的关系呢？我们应该从以下几个方面着手：

第一，提高自身素质和能力。很多时候，你不得不承认副手的素质和能力要高于自身，这个时候你就要不断提高自身素质，在工作中不断锻炼自身，逐步提高自己的能力水平。一般来说，一个拥有较高素质的领导，一个拥有极强工作能力的领导才能更吸引那些有才能的副手为你所用。同时，让他们在心底里佩服你，取得他们的信任。

第二，提升思想境界。很多时候，正副手之间的关系往往取决于领导的思想品格。一个时时都表现出高尚道德品质和无私奉献精神的领导，一定会赢得副手的敬重和钦佩，从而真心实意地对领导忠诚，即使遇到再多的诱惑和困难，也坚决不会改变自己的忠心，始终为领导服务。也正是因为这样，领导想要强化自身之前，必须先提升自己的思想境界，强化自己的品格修养。

第三，拥有一颗包容的心。"金无足赤，人无完人"，刘备之所以能够成就一番事业，就在于他对各种有能力的人能够适度地宽容。领导在实际工作中，不能用理想化的方式去要求副手做一些不可能完成的任务，应该正确地看待副手的优缺点，合理利用他们的长处，包容他们的缺点和不足。在合作中，要不断克服求全责备的思想。

第四，挖掘人才，适时让贤。领导者的个人魅力可以凝聚人心，赢得追随者的尊重和信任，从而处理好正副手关系。在副手中，经常会出现一些能力超强的人，甚至远远超过自己。面对这样的人，身为领导一定不能嫉妒和打压，他们对公司来说是一笔难得的宝贵财富，占据着举足轻重的地位。为了能更好地留住这样的人才，领导应该进行一定的干部人事制度改革，建立优秀人才脱颖而出的机制，让位于他们。防止让那些拥有过人才智的副手埋没才能，给他们提供一个发挥才能的环境。

第五，坚持适度原则。首先，要坚持关系适度原则。这就是指领导在处理与副手之间的关系时，要维持一定的"度"，不可太过，也不能不及。正所谓"过犹不及"，要使自己与副手的关系维持在一个有利于工作、事业关系的适当限度内，营造一个良好和谐的工作环境。其次，要坚持交往适度原则。领导与副手交往要积极，但也不可过于亲昵，如果存在过分积极或者消极的情形，都不利于与副手之间建立良好的关系。最后，要维持良好的关系。身为领导的你要尊重下属，不以个人好恶与人相处。一个懂得尊重他人的领导必然能够赢得下属的尊重，甚至可以提升自己的权威性，增强自己的领导力，保证工作的顺利开展。

给管理者的忠告

本事再大的人，也无法驾驭一艘在狂风巨浪中前行的巨轮。因而，处理好与副手之间的关系，便能帮助你渡过危机，开创另一番天地。成功的领导者都懂得如何有效地处理与副手之间的关系，只有得到副手的帮助和信任，才能获得事业上的成功。因此，作为领导，一定要以良好的心态去与副手相处，正确处理与副手之间的关系。

第三章
管理者的境界：有效的领导，高效的管理

> 在企业内部，既需要有效的领导，也需要高效的管理，二者缺一不可。单纯的领导和单纯的管理都无法有效地发挥作用，因此，在企业里，我们主张多一些领导，少一些管理。强化领导的优势，提升领导的效能，最终促进高效的管理。

1. 管理风格可以千变万化

有人会问，什么样的管理风格最好？其实，这个问题是很难回答的，因为管理风格可以千变万化，不同的分类标准就会有不同的答案，绝对没有唯一合适的管理风格。如果说以前的管理风格取决于领导者自身的因素，那么在今天，管理风格除了受领导者的个人价值取向影响外，还受企业性质、企业结构和市场变化等一系列外界因素的影响。领导者需要掌握多种管理风格，针对企业内部不断变化的格局选择合适的风格加以管理。

通常来说，管理风格大致分为五类，第一种是专制型的管理风格。采用这种风格管理的领导要求员工绝对服从，而且对别人十分严厉又充满了许多刁钻的要求。长此以往，员工不断受压迫，进而产生消极抵抗情绪，如果领导不在，就会消极怠工，工作进程无法进行。在工作中，员工感受不到责任感，他们只是按照既定的命令行事，有命令就去做，没有命令就无事可干。由于并非是自愿地去工作，因而员工的热情会逐渐消退，自主性和创新性也会大大降低，成了只会工作的机器人。

第二种是专家型管理风格。采用这种风格的领导很注重培养员工的专业技术与自我管理能力。因为每一个行业都有自己独特的模式和规律，领导要想在工作中做出科学的决策和部署，就必须熟悉这一套规则，而且员工也要了解这一领域的发展趋势，做到心中有数，了如指掌，从而懂得如何工作，该往哪个方向努力，明白自己存在的意义和价值。

第三种是民主式管理风格。在这种管理下，领导者愿意将自己的决策权交给员工，自己更像是一个意见的收集者和传递者，主要协调各方的关系。这种管理风格的优点在于，能够营造和谐的工作氛围，赢得员工对领导的信任和尊敬，加强对工作的热情和投入。即使领导不在，工作也能像往常一样顺利开展。

第四种是合作参与型的领导风格。这类领导注重培养员工之间的和谐人际关系，把自己当成是员工队伍中的一员，与全体员工一同工作，一同进步。

第五种是"教练式"的管理风格，在这种模式下，领导十分注重员工的个人发展，领导就如同教练一般，帮助员工认识到自己的优点和缺点，努力提升长处，不断克服弱点。在这种风格的管理下，员工知道自己的缺点所在，并且有极大的意愿去改变现状，不断提高自我能力。

像所有的高科技公司一样，蓝天技术开发公司在发展的中后期遇到了难以克服的瓶颈。面对激烈的市场竞争，公司的发展陷入了困境。当初公司的目标是走出国门迈入国际市场，并率先在国内市场中研发出了高技术含量的产品，由此一炮打响，销售额获得了超常规的增长，发展势头十分迅猛。

但超常的发展速度并没能始终保持下去，蓝天技术开发公司很快就遇到了难题。面对眼前的困境，公司启用了一位新的常务经理，他就是欧阳健。当欧阳健全权管理公司后，他一度施展不开身手。由于之前的企业是老牌公司，办事风格十分古板，什么事情都要按照规章制度来，这与蓝天技术开发公司的办事风格截然不同。由于突然换了一个新的环境，欧阳健有些摸不着头脑。

但眼前的困境并没有绊住欧阳健改革的步伐，在摸清公司的状况后，欧阳健立马颁布了几项指令性的规定，要求所有人员必须严格遵守规章制度，不可早退和迟到，工作期间不得做与工作内容无关的事情。欧阳健做的第二件事就是仔细地审查了公司人员的工资制度，削减了公司所有高管的工资，这一举动引起了很多高管的不满，有的甚至向他提出了辞职。甚至有一位高管指着欧阳健的鼻子骂道："你这是大棒加胡萝卜，我看你还能威风多久。"面对众人的不满和指责，欧阳健并没有生气，他依然坚定地执行了这一决定。除此之外，他还规定，公司以后所有的事情在执行前都必须经过自己的同意，否则绝对不可以下达命令。

欧阳健的种种举动都显得雷厉风行，很多的人十分不解，甚至满口怨言，但是销售部胡经理的转变却改变了人们对欧阳健的看法。之前，胡经理总是喜欢在欧阳健面前说别人的不是，但欧阳健并不理会他，总是先让他冷静下来，然后再根据他的叙述指出不足之处并提出改正意见。久而久之，胡经理也不再每天指责别人，而是把更多的时间放在工作上。

如今，在蓝天公司内部再也听不到关于欧阳健的流言蜚语，所有的员工和高层们都对他称赞有加。欧阳健对于生产和采购部门依然管得十分严格，但对设计和研究部门却逐渐放松控制，并让他们放手去干。正是因为有着欧阳健高明的领导，蓝天公司逐渐走出了低谷，重新创造一个又一个辉煌。

有研究表明，领导者掌握的管理风格越多，就越容易获得成功。如果想成为优秀的领导者，就要因地制宜地改变管理风格，而不是机械地按部就班地开展工作。从上面的例子我们不难看出，领导人在采取管理风格时应该注意以下几点问题：

首先，管理风格要与企业的发展相适应。一个优秀的领导者要根据企业规模和发展的不同阶段选择合适的管理风格和方法。如果总是不加以变换，永远用相同的管理风格来处理不同时期遇到的不同问题，那么企业的领导力就会大打折扣，甚至把企业的发展逼入死胡同中。中小企业或者初创企业，由于员工数量较少，企业尚处在发展的新生时期，领导者就要带头努力工作，用自己的实际行动为员工树立榜样，达到引导员工的效果，这时候适宜采取"权威式"的管理风格，也可以结合"民主式"的领导风格，注重调和工作氛围，让每一位员工都有机会说出自己的心声和想法。

其次，要根据具体问题具体分析。不同的企业性质要选择不同的管理风格，在一些外企或者是民营企业当中，可以将授权执行得更为彻底，但这对于国企来说就不合适了。在企业管理当中，领导人一定要视具体情况来选择管理风格，只有合适的才是最好的。

最后，要灵活选择，考虑到员工的性格。对于能力突出个性极强的员工来说，他们喜欢不受束缚的工作，喜欢宽松的工作环境，用自己的方式来工作，并且在宽松的环境中更容易激发灵感，提出新奇的想法，此时运用自主式的管理风格效果便会非常好。有的员工喜欢与他人合作，在合作过程中能够完美地解决问题，完成任务，对于这样的员工适合采用民主式的领导方式。

给管理者的忠告

很多企业的领导者本身就具有极高的才能，但是却经常因为不会做领导而导致企业经营不善，最终卷铺盖走人。因此，了解一些必要的管理风格对于领导者的日常工作极为有帮助，它们能够让你更好地认识自己，让你更清楚地了解并学习运用这些不同的管理风格，从而提高自身的领导能力，促进公司效益的提升。

2. 多一些领导，少一些管理

管理大师杰克·韦尔奇曾经说过："如果领导者把员工们管理得服服帖帖，每天逼迫他们前进，那么这样的企业最终是要走向失败的。好的管理是建立在领导的基础之上，而不能将领导建立在管理的基础之上。"其实，今天有很多企业家仍然分不清楚什么是管理，什么是领导，在实际工作中，往往把领导和管理当成相同的概念来使用。但是，领导和管理是截然不同的两个概念。

所谓管理，是对企业员工、具体工作的安排部署，是执行者在工作中要时刻提高警惕，努力发现并解决问题，目的是建立合理的秩序；领导是确定企业发展前进的方向，制定战略规划，在前进中时刻把握方向，不断激励员工，目的是为了变革。

由此可见，领导绝对不等于管理。在具体的工作中，很多领导者由于无法协调好领导与管理的关系而造成了许多损失。因此，领导者要正确地处理好领导与管理的关系，而不是简单地将二者混为一谈。今天，愿景规划、人才管理、变革管理已成为企业制胜的秘诀。在当今的环境下，领导者需要采用哪种方式带领员工实现飞跃呢？答案很简单，多一些领导，少一些管理。

1985年，面对一批次品冰箱时，张瑞敏做出了一个惊人的举动，砸烂它们，绝不让它们流入市场。当时的市场中，冰箱十分紧俏，必须凭票购买才行，而且价格不菲，相当于中等收入职工的两年工资。即使这些冰箱是次品，但使用起来并无多少问题，在那个经济紧缺的年代里，这些便宜的次品冰箱反而是人人争抢的宝贝，比那些正品要强手得多。

如果张瑞敏把这些冰箱拿去送人，或者是用来奖励员工都是不错的选择，但张瑞敏却偏偏砸了它们，让在场的员工们心疼不已。其实，张瑞敏这么做自有他的想法，在他眼里，质量后面掩盖的问题远比次品本身更致命。

当时的员工普遍缺乏质量意识，工作从不精益求精，更没有为客户负责的意识。然而质量问题是关乎企业生死存亡的重要问题，张瑞敏砸烂了76台次品冰箱，却换来了员工对质量的重视，增强了员工素质，为业绩的攀升做了充足准备。张瑞敏没有就事论事地处理次品，而是选择把那些缺乏责任心的员工们引领到为客户考虑、对质量负责的境界，这便是高明的领导。

如果把上面的实例放在今天的某些企业当中，相信很多领导者无法达到张瑞敏的境界，他们可能会睁一只眼闭一只眼，把这批次冰箱以次充好地流入市场之中，也有可能严加处罚员工，克扣他们的工资。这样的领导在管理上的确有自己的一套准则，他们把大部分的时间都花在规划运作、执行预算、完成指标、控制成本、考察员工、实施奖惩等方面，但在发现潜在问题、寻找改进机会、确定前进方向、发展员工能力等方面却完全忽略了。这显然不是当今优秀领导者应该拥有的状态，如果你只会管理企业，管理员工，而不会领导他们继续前进，那么你所能获得的业绩将始终停滞不前。

如果我们的领导者去西方的优秀企业考察，会发现它们的规章制度绝不像本土企业那样烦琐复杂，西方企业追求宽松的管理制度，友好活泼的工作氛围，在这种环境下工作，员工觉得舒适自在，工作效率也会大大提高，工作态度也十分认真。这当然需要经过一个漫长的过程，绝非一朝一夕就能实现的。但不可否认的是，西方企业能取得如此的成绩绝对离不开他们用领导代替管理，用协商取代命令，用信任代替控制的做法。正是把领导放在第一位，不断削减管理，让员工不断释放巨大的主观能动性和创造力，才得以成就今天的局面。

　　管理多、领导少是我们与西方优秀企业之间的差距，更是我们提升竞争力的瓶颈。想要改变这个落后的状态，就要提高领导力，减少管理的束缚，用中国化的讲法就是"三分管理，七分领导"。那么我们不禁要问，为什么会出现管理多，领导少的现象呢？其实原因有很多，管理有规定指标，领导却没有硬性任务。管理可以导致直接结果，但领导则可能导致失误。管理是按部就班地加以束缚，在规定的范围内指引，一旦出现问题，管理者可以安然无恙地抽身而退，但领导却充满了未知的可能，出现了差错领导者便要负全责。但是，今天的企业生存依靠的是管理，发展靠领导。如果你不管理，你就是失职，但如果你不领导，你就不称职。

　　再者，管理多、领导少的现象与我们的文化息息相关。由于传统文化的影响，导致我们更习惯于服从别人，习惯于安守本分，被他人领导。我们身边有的是兢兢业业、勤勤恳恳、埋头苦干的人，那些"劳动模范"们从不会让人担心。但是我们却缺少了敢于领导、敢于出头的员工，缺少不断进取、积极创新、主动变革的员工。为什么？因为"枪打出头鸟"，很多人不愿意当第一个吃螃蟹的人，怕被人指指点点说闲话，总是喜欢先观望，再做出选择。

　　最后，管理多、领导少的现象还与能力有关。许多企业做过职位能力分析，结果显示，在将专业技术能力剔除之后，中高层管理者普遍缺乏领导能力。一个企业的负责人很可能是一流的管理者，但却不一定是自觉的领导者。由于无法分清管理与领导之间的界限，结果疏忽了领导职能。针对这种情况，我们主张多一些领导，少一些管理，但绝对不是排除一切管理，而是要强化领导的优势，弱化管理的势力。

　　第一，关键时刻需要强有力的领导。

　　在企业发展进入相对稳定和繁荣的时期，有限的领导与强力的管理能够使公司运转良好；在公司发展进入重大转折的关键时期，就需要加强领导能力，适当削减管理的力度，这样才能更符合公司运作的要求。

第二，领导力才是制胜法宝。

无论什么时候，过分强调规范的管理体制而忽视领导的作用，公司的发展都不会出现转变，反而容易走上岔路，最终一败涂地。在竞争日趋白热化的今天，面对发展成熟的竞争对手，企业的负责人所要做的不仅仅只是管理，更应该加强领导和决策能力，帮助公司突出重围，实现飞跃。

给管理者的忠告

联想总裁柳传志曾经说过："从销售、生产到物流资金的控制只是企业管理的第一个层次，更深的层次是要制定好企业战略，并且有步骤地去执行它。此外，带领好团队，提升员工积极性，建立良好的企业文化同样是深层次的管理。企业的负责人只有对这些概念有深刻的认识，才能让公司顺利前行，为以后的发展壮大打下基础。"

优秀的管理者不会让员工觉得他在管人，身为企业的负责人如果管的太多、太细，往往会适得其反，使公司的秩序处于紊乱状态，影响效益。因此，让领导多一些，让管理少一些才是企业发展的正道。

3. 管理自己心底的声音

在如今的企业管理中，领导者不仅仅需要管理公司的各项事务和员工，还要管理自己，特别是管理来自心底的声音。这个心底里的声音能够影响领导者的决策和思想，导致领导风格千差万别，更会让企业朝着不同的方向发展。对于成熟的领导来说，他们能够很好地控制自己的情绪，倾听来自心底的声音。

想要管理心底的声音，首先必须要做到自我管理、自我控制和自我反省。所谓自我管理就是要管理好自己的野心和欲望，相信别人，理解别人；自我控制就是要控制对权力的欲望，做到有的放矢，随机应变，让企业朝着科学正确的方向发展；自我反省就是要不断反思，找出自身的缺陷并努力克服，做情绪的主人，而不是被情绪操控。

本田技研工业公司是当今世界上最大的摩托制造企业，但是当时间回溯到几十年前，它还仅仅是一个只拥有十几个员工的破旧车间。那个时候，员工们在车间里干着枯燥的工作，丝毫看不到成功的希望，但是企业的负责人本田宗一郎却满怀信心地对众人高喊："我们一定会造出世界一流的摩托车。"凭着本田宗一郎这种看似有些痴人说梦的野心，十几名员工共同努力，齐心协力朝着共同的目标奋斗，终于让企业达到了世界一流的水平,生产出了一流的摩托车。

有位智者曾经说过:"野心能推动人的成长,是人生的兴奋剂,野心越大,他在生活的旅途中就越是信心百倍,离成功就越来越近。"诚然,一个充满野心的领导势必能让企业走向繁荣,而一个暮气沉沉的领导者是绝对无法操持起整个企业的。企业需要一个有野心的领导,但是野心必须建立在理性思考之上,这是一个领导成功的关键。投资专家沃伦·巴菲特曾经说过:"当别人贪婪的时候学会恐惧,当别人恐惧的时候学会贪婪。"这就是强调理性在治理企业中的重要性。

领导者追求利益无可非议,但是却不能破坏规则,不能以牺牲他人的利益为代价。那些空有野心的领导者把追求利润当成了企业的唯一目标,急功近利、目光短浅,他们的缺点和毫无畏惧的野心最终导致他们走向失败的深渊。作为领导,必须时刻保持清醒的头脑,面对野心和欲望,要沉着冷静,决不能被轻易诱惑。

其实,企业在治理过程中很不容易,不仅需要运筹帷幄,而且还需要兼顾众多因素。因此,当一名合格的领导者是十分困难的。那么,如何才能做一个合格的领导者呢?

首先,领导者要学会理性地控制自己的野心和欲望。不想当元帅的士兵绝不是好士兵,不想成就事业的领导绝不是合格的领导。任何人都必须有长远的目标,有远大的志向,有雄心勃勃的野心。商人只是单纯地追求利益,但企业家不仅仅只追求利益,更要追求实现自身的价值和企业的价值,在创办事业的过程中,既实现了自己的理想,又为社会和国家做出了巨大贡献。因此,一个好的领导必须具备野心,而且这种野心是建立在理性的基础之上。

其次,领导者要学会控制对权力的欲望。很多领导者都是白手起家,一步一个脚印地创办了自己的企业,可谓是历经坎坷,饱尝艰辛。也正是因为企业的发展来之不易,因而很多领导者十分贪恋手中的权力,他们不敢轻易地相信别人，更不敢把权力下放到他人手中。他们天真地以为，只有把权力牢牢地握在自己手里，才是最安全的，最妥当的。但是这种做法不见得是明智的，贪恋权力的人最终会被权力所伤，败在权力的脚下。为了更好地控制对权力的欲望，领导者可以遵从以下几个原则：

首先，严格要求自身。古语有云：严于律己，宽以待人。但是在现实生活中，很多人都是"严于待人，宽以待己"，特别是一些手握大权的领导，他们放纵自己，尽情地享受权力带来的欢愉，最终一败涂地，身败名裂。

其次，不为自己的错误找借口。领导者要勇于担当，知错能改，而不是一有问题就马上推卸责任找借口，这样的人绝对不能当领导，更不会对企业产生丝毫的价值。

再次，脚踏实地，少说空话。光说不练假把式，一些空想家最爱的事情就是纸上谈兵，他们巧舌如簧，编织着一个又一个美丽的梦境。然而幻想始终是幻想，永远都成不了真，高明的领导者从不说空话，而是用行动来做出业绩，赢得人心。

最后，领导者要学会反思，反省自身情绪的缺陷，补足自身的弱点。正所谓人非圣贤孰能无过，很多领导者也像普通人一样有七情六欲，喜怒哀乐。但是如果不会控制自己情绪上的缺陷，听之任之地发展，就会对企业带来无穷的后患。在克服情绪缺陷方面，可以参照以下几个原则：

第一，调节消沉情绪，积极乐观地面对人生。胜败乃兵家常事，企业的成功和失败对于领导者来说一定不会陌生，可能今天的机遇就是明天的挑战，昨日的失败就是今天的成功。面对失败，绝对不能意志消沉，要尽快从悲伤的情绪中摆脱出来，积极乐观地面对人生的风风雨雨。

第二，克服焦躁情绪，放缓脚步，慢慢欣赏。领导总是要承受许多压力，在压力的影响下容易焦躁不安。一旦产生这种不良情绪，不仅会影响到理性的判断，更会影响到其他人，在整个公司内部形成一种焦躁的气氛。这样做对企业的发展绝对有害无利，因此在压力面前要学会释放，遇事要三思而后行，时刻保持头脑清醒，在发展速度上放缓脚步，慢慢处理遇到的各种疑难杂症。制定好合理的规划，有秩序地生活，有条理地工作，并且养成习惯，久而久之就能戒骄戒躁。

给管理者的忠告

一个成熟的领导者有高明的情绪控制术，他们是情绪的主人，而不是情绪的佣人。他们知道如何管理自己的内心，如何控制野心，控制欲望，调节情绪。他们用积极乐观的心态面对企业发展过程的风风雨雨，用理性的思维处理各种困难和挫折。正是因为他们懂得如何管理来自心底的声音，才不会被野心操纵，被欲望驱使，被负面的情绪击垮。因此，想要管理好自己的企业，首先要学会如何管理来自心底的声音。

4. 用柔性管理去"化解"

所谓柔性管理指的是一种"以人为中心"的人性化管理办法，它依托人性解放、权力平等、民主管理的方式，在研究人的心理和行为规律的基础上，用非强迫性的方式在员工心中灌输企业的理念和制度，让他们能够自然而然地接纳领导的意志，真心实意地为企业贡献力量，不遗余力地为企业创造业绩。

在企业管理中，优秀的领导人都会以平等的姿态接见下属，用宽广的胸怀对待下属，他们能够认真倾听来自基层的声音，并且及时反馈，决不让问题越积越多。他们懂得重用那些有能力的员工，绝不亏待他们，浪费他们的才能。这样的领导，能够让员工感受到你的爱才之心和宽广胸怀，员工才会觉得自己被重视，才会发自真心地爱上这份工作。因此，柔性管理术越来越被一些领导者所重视，也被采纳到众多企业内部加以运用。

北宋时期，安徽某位姓陈的知县声名远扬，甚至传到了宋真宗的耳朵里。原来这位陈知县多年来一直兴修水利，勤政爱民，被百姓们深深爱戴。宋真宗对他十分好奇，决定要微服私访，亲自探探虚实。当他到了陈知县所辖的范围时，看到一位老年人赤着脚渡河，后来因为耐不住严寒昏倒在路边。宋真宗看到这一幕，心生不忍，连忙让下人去看看。这时，旁边一位中年人急忙跑过去，脱下了自己单薄的衣衫，给老人穿上，并且将老人的双脚放在自己怀里取暖。

看到这种情形，宋真宗十分喜悦，他连忙让人前去打听那位中年人的姓名，当身旁的人告诉他那就是远近闻名的陈知县时，宋真宗有些不是滋味。因为，他觉得陈知县如此对待老人，难道不是在向百姓们控诉我治理不力吗？这难道不是在和我对着干？但是身旁的大臣们却不这么认为，一位大臣谏言道："臣以为皇上应该顺势褒扬陈知县的行为，因为他能够按照您的旨意体恤民情，将百姓视作衣食父母，我们更应当嘉奖陈知县的行为，因为他是顺应了旨意，表现皇上对百姓的善行。"宋真宗听了觉得十分有道理，接受了大臣的建议，立刻赏赐陈知县，并且昭告天下，夸奖他的行为。

在这个故事里，宋真宗没有固执己见，而是认真听取了大臣们的意见，不但没有斥责陈知县，反而大大褒奖了他。当今企业的领导人要以宋真宗为榜样，认真向其学习，多听听来自基层的声音，接受他们的意见和建议，不仅尊重了对方，也能很好的解决问题。

在微软公司内部，人才多如牛毛，人们不禁要问，微软是依靠什么样的魅力能够吸引来自全球的顶尖人才呢？其实，答案很简单，那就是比尔·盖茨重视人才，对人才以礼相待，依靠自身的魅力，依靠对人才的宽容和欣赏吸引了无数的人才投到微软公司的门下，为微软"鞠躬尽瘁"，创造无穷的效益。当今的领导者要想掌握全局，就必须充分调动属下的积极性，用宽容理解的姿态对待下属，赢得下属的理解和支持。

与其他科技公司相比，微软公司的工作氛围十分的轻松和活跃，每一个员工，甚至是刚毕业的程序员都能拥有自己的一间办公室。也正是因此，世界各大名校的毕业生都愿意到微软公司工作，而作为公司的董事长，比尔·盖茨十分重视人才的价值，对待这些优秀的人才，他丝毫没有领导的架子，与员工一向是以朋友的身份相处。轻松、不受拘束的工作氛围使得这些刚毕业，不经人事的高才生们能够全身心地投入到工作中去，尽全力为公司效力。

梅尔沃德最初在微软里担任操作系统开发部主任，在任期间，他发挥自己的聪明才智，为公司提出了一系列有建设性的意见和建议，并且将这些运用到实际的工作中去，使得操作系统开发部的业绩大大提高。也正是因此，梅尔沃德吸引了比尔·盖茨的注意，比尔·盖茨开始重用梅尔沃德。

1991年，比尔·盖茨让梅尔沃德掌管微软公司所有的研究和高级开发课题，梅尔沃德的任务突然加剧，但是他却丝毫没有怨言，反而拿出更多的时间和精力投入到工作中去。盖茨也常常和他一起磋商工作事宜，两个人经常工作到深夜。1995年，比尔·盖茨任命梅尔沃德为集团副总裁，成为微软6位董事会成员之一。

面对能力超群的梅尔沃德，比尔·盖茨从来没有打压过他的才能，反而尽一切努力去提拔他。盖茨经常和梅尔沃德一起讨论工作上的问题，帮助他成为微软规划的资深顾问。梅尔沃德一路走来，与比尔·盖茨的帮助密不可分，正是凭借盖茨宽容的人才措施，梅尔沃德才有机会发挥自己的聪明才智，逐渐成为微软发展壮大中的栋梁人才。

高明的领导者不会因为下属的才能和声望高于自己而心生嫉妒，他们会选择用宽容的心胸看待这一切，并且不断地帮助他们施展才华，绽放光芒。那么，领导者该如何做到尊重下属，宽容待人呢？其实很简单，只要注意以下几个方面就行。

首先，不管对方做过什么都要一笑了之，宽容对待。宽大的胸怀是吸引人才的必要条件，更是成为优秀领导者的必备素质。只有你宽容地对待，下属才能感受到你的尊重，而只有尊重才能让他们选择毫不保留地付出，为企业贡献一切价值。

其次，要学会以礼相待。尊重下属的最好办法就是不把他们当成你的下属，以礼相待，看成是你的贵宾或者客人。面对你的下属，在称呼上可以按照长幼有序的传统，说话要尽量高雅，绝不可粗俗，因为语言往往能体现一个人的品质和修养。最后要让员工认识到，如果想要在企业里闯出一片天空，必须不断努力，用自己的付出去争取，不断地学习，不断地向上攀爬，增强自身竞争力，提升在企业里的地位和尊严。

再次，要允许员工犯错误，能够宽恕他们的过错。实践证明，一个优秀的领导能够海纳百川，对员工犯下的过错会给予应有的同情和理解，并且给他们改过自新的机会,而不是一棒子打死,让他们卷铺盖走人。相信员工,宽容员工,让员工明白自己的错误,帮助员工改过自新,摆脱尴尬的境地,这样做的领导一定能够赢得员工的尊重和感激,日后定会避免再犯同样的错误。

最后,领导要放下身段,深入基层,多与员工沟通交流。理解下属,尊重下属的最好做法就是在平常的工作中多与他们沟通交流,为彼此的尊重打下基础。一个能够放下身段的领导必定是具有亲和力的,他们不是高高在上,不可触碰的公司高管,而是能够以朋友相称的伙伴。深入员工群体,也是给领导一个了解员工的宝贵机会,领导可以更好地了解员工的喜好和生活习惯,摸清他们的优缺点,从而利用好他们的长处,为公司提升效益。

给管理者的忠告

想要管理好企业,领导完全不需要把自己塑造成人人害怕的"老虎",反倒是可以采用柔性管理的办法,以柔制刚,让员工钦佩自己,为自己服务。采用柔性管理术的领导能在激烈的市场竞争中获得优势,抢占先机,同员工一道,共创辉煌。

5. 扮演好"教练"的角色

有人说:"做一个好的领导难,做一个受人尊敬的领导更难,做一个完美的、有效的领导更是难上加难。"但是做一个领导真的就这么难吗?其实不然,只要你能够找准自己的定位,把握住做事的原则,最大限度地用人之所长,那么你就能成为一个合格的、优秀的领导。那么我们该如何成为这样的领导呢?如何定位自己扮演的角色呢?

领导角色有很多种,教练角色、监督角色、决策角色,无论是哪种角色都没有是非对错之分,只有合适与否之分。当我们的产品或是服务出现问题时,我们的领导要扮演严格的监督者;当我们的企业面临抉择时,必须扮演决策者的角色;当我们面对激烈的竞争之时,必须扮演英勇善战的将军;当我们面对需要扶持成长的下属时,必须扮演优秀的教练角色。

通常来说,在众多角色扮演中,教练式的角色是最重要的。如果把企业比作运动场,那么员工就是运动员,领导者就是教练。员工只需要完成手头的任务即可,但领导者却需要完成任务还要提拔带领员工。这就要求领导者要扮演好教练的角色,既要完成任务,又要努力带出高水平的队员。

教练在我们的日常生活中司空见惯,企业的领导者又何尝不是呢?当然在企业里做教练要把握好度,有些人你只需要给他稍加示范即可,但有的人却需要手把手一步步地教给他,有的人甚至还得喊打喊杀的才行。总之,在企业内当教练,颇需要些艺术,否则就是事倍功半,吃力不讨好,不仅没能带出高水平的员工，反而还和他们结下梁子，不欢而散。为了企业的发展，教练工作是非常重要的，这也是一项费时费力的工作。领导要扮演好教练角色，绝对不能因噎废食，更不能半途而废。

2012年，联想集团创造了历史最优成绩单，集团董事长杨元庆把这份荣誉归功于全公司强大的领导力，而教练式的领导在其中功不可没。联想具有教练式领导的好传统，当柳传志在任期间，他就四处寻觅一名优秀的接班人。那时他十分看好杨元庆的能力，在培养他成为接班人的过程中，柳传志通过言传身教，甚至是写信的方式，为杨元庆剖析自身的优缺点，不断启发他改进领导艺术。通过不断的努力，杨元庆的能力得到了不断提高，最终成为联想集团的接班人，而柳传志也有效地扮演了教练角色。

为了帮助企业内的领导者提升领导能力，联想集团建立了一个面向其全球副总裁的"教练库"。入库的都是与联想签约的全球知名企业负责人，他们在联想集团内部充当教练角色，帮助联想培养富有全球竞争力的领导者。联想副总裁级别的高管根据每个教练的背景和个人实际情况，自主选择合适的教练，这些教练会帮助他们进行一对一的辅导。

联想集团人力资源高级总监宋杰认为，现在的新员工多是80后、90后的新生群体，更具个性，原有的领导方式已不再适用，而依托教练式的领导方式，采取激励的方法，能够更好地从价值观方面驱动他们，教练式的管理风格一定比指令性的管理风格更有效果。因此，联想集团用教练式的辅导方式，帮助各级管理者在管理下属时，渐渐采用教练方式，而不是以前单纯的指令方式。

在联想，教练式的领导统一在"组织和人力资源规划"的评审框架下实施，通过评审流程，联想不仅拥有现代化的领导团队，而且不断培育新一代的领导者，为公司培养后续队伍，应对公司长远的发展大局。在联想，所有的领导都充当教练的角色，他们激励员工，促使他们奋发向上，在员工内部寻找可造之才，培育他们成为下一任领导。

教练式的领导方式被越来越多的企业所重视，领导在企业中要扮演好教练的角色，那么想要成为教练型的领导者需要具备什么样的能力呢？教练型的领导应该具备的四大核心能力包括：聆听能力、发问能力、区分问题的能力和回应反馈的能力。

很多领导在工作中不善倾听，只会不断地追问，这是因为缺乏相应的技巧。教练型的领导首先需要帮助下属理清目标，由表及里地分析失败的原因，找到问题的所在；其次还需要帮助下属进行心态改善，让下属从不可能思维转向可能性思维，从抱怨消极思维转向正面解决问题思维，从外部推诿责任思维转向在自身寻找原因思维；最后，要帮助下属制定具体的改善方案。

这些技巧的关键在于实践，在企业中推广教练式的文化，还要注意以下几个方面的问题：第一，要时时刻刻地教导，无处不在地教练。第二，要经常训练，逐步改变员工的心态，让员工养成正确的、科学的行为习惯，建立起强大的自信心。第三，领导要保持诚信，说真话，杜绝谎言；第四，要营造快乐、和谐的文化氛围。

在企业中，领导者不必事必躬亲，学会当教练，扮演好教练式的角色十分重要。在企业管理过程中，领导在扮演教练角色的同时还需明白几个道理：第一，水能载舟，亦能覆舟。员工、客户、市场三者扮演的是水的角色，没有一流的员工就不会一流的客户，没有一流的客户就不会有企业持续发展的利润。第二，领导要学会不断学习，不断反思，更要学会分享。第三，端正态度，配以科学的方法。在市场竞争越来越激烈的今天，领导者要不断更新方法，同时要端正态度。

有了一定的能力，领导还需要一定的信念坚持下去，只有不断坚持，才能让教练式的领导方式长久维持下去。首先，教练型的领导要把所有不可能的想法抛开，相信一切皆有可能。信念是一种巨大的力量，可以产生巨大的潜能，只有相信，才能够做到。其次，要相信性格是可以被塑造、被改良的，然后持之以恒地调整，试着改变自己下属的心态，让他们达到自己满意的状态。然后，领导要学会正面思维，强化积极的方面，改变消极的思维。教练不能总是强调客观状态不可改变的道理，要引导自己的员工看到更多未知的可能性，用正面的、积极的眼光去看待问题，寻找解决问题的方法。

再次，要辩证地看待失败。任何人都会有失败的经历，没有人能够成为"常胜将军"。因此，教练型的领导者也不要奢求自己的下属不犯错误，不能失败。特别是那些刚刚走入职场的年轻人，你不能要求他们一下子就达到与你同等的水平和智慧，要允许下属失败，并且辩证地看待失败。有时候，失败也是一种财富。

最后，作为教练型的领导者，不仅要授人以鱼，更要授人以渔，然而最重要的还是要授人以"欲"。这是说教练型的领导不仅要教会员工工作的方法，更要激发他们内心潜在的欲望。当一个人的欲望被激发出来的时候，就是见证奇迹的时候，他会排除万难，去追求并创造心中想要达成的结果。

给管理者的忠告

每一位领导都应当是出色的教练，领导者终日忙于计划、组织、指挥的日子早已一去不复返，一个新的时代早已悄然到来，领导者必须要像教练那样，通过感动人心的教练方法，去激励自己的员工，激发他们心中的欲望，攀向更高的人生巅峰。

6. 管理智慧的五个层次

基辛格曾经说过："领导者的作用就是带领他的下属从现在所处的地方，去从未到过的地方。"由此可见领导者的重要性，作为一个组织或者企业的领导者，手中掌握着重要的资源和权力，对于组织的发展起着指引方向的重要作用。正是由于处在重要的位置，一个合格的领导者必须具备极为丰富的知识，用自己多年的经验和智慧为事业的发展提供指引。可以这样说，一个领导的智慧，就是企业生存发展的保障。它能激发团队成员的热情和创新能力，同时还能带领全体员工共同实现工作目标。

领导者的管理智慧可以分为五个层次，分别是：博学的知识能力；统筹兼顾、善于谋划的能力；举一反三，创新的能力；丰富的想象和创造能力；逆向思维的能力。人们都知道，有经济和利益存在的地方就有竞争，随着经济和社会发展的不断进步，只有博学的知识能力才能在激烈的竞争中崭露头角。作为领导管理智慧最关键的层次，知识的博学程度对领导者能否成功起到了至关重要的作用。

广东某著名房地产开发公司的董事长王磊是个刚30岁出头的年轻男人，但他名下的资产已经高达20多亿元。很多媒体都曾对这位年轻的董事长做过报道，为他能够取得如此傲人的成就感到由衷的佩服。事实上，王磊取得这样的成就绝非偶然，更不是单靠运气这么简单。

说起自己的成功经历，王磊显得有些害羞，当年刚刚创办公司的时候，自己只是一个初出茅庐的社会青年，对于房地产行业的认识所知甚少。但是想要在房地产行业闯出一片天地，没有一定的知识能力是绝对不行的，为了提高自己对行业的熟悉度，王磊开始从书中获得相关知识。王磊认为，学习是创业的第一步，只有提升自己的认识才能闯出一番天地。

为了能够准确分析出城市建设的规划数值，测量出相关数值的结果，王磊认真研读了许多房地产知识和法律知识。随着没日没夜地学习，王磊的专业知识不断得到充实，他终于能够精准地预测出相应土地的潜在价值。据王磊透露，他看过的相关书籍，已经可以堆满一面墙。

现代企业不再是单纯地依靠手脚来工作，更多的是用头脑和智慧来取胜。企业的财富除了土地、厂房、设备等有形资产外，更需要知识、智慧等无形资产。作为一个企业的领导者，应该要不断地提升自身的文化修养，加大对各方面知识能力的补充和提高。讨论完领导管理智慧的第一个层次后，我们再来讨论领导管理智慧的第二个层次：统筹兼顾、善于谋划的能力。

无论市场如何变化，竞争多么激烈，商机永远存在于市场之中，能否迅速地发现并且抓住商机，是考验领导能力的重要标准。只有当领导拥有了统筹兼顾、善于谋划的能力，从全局出发，果断出手抓住机遇，才能在激烈的竞争中立于不败之地。作为组织的最高决策者，作为企业的领导者，必须要时刻观察市场的变化，研究市场发展的规律，准确把握市场发展方向，从而引领市场潮流，占据市场制高点。为了实现这个目标，领导者可以遵从以下几个原则。

首先，要拥有开阔的视野。领导者一定不能遮蔽双眼，故步自封。在经济迅猛发展的今天，国内外的市场竞争日趋激烈。因此，领导一定要学会统筹兼顾，把握大局，着眼于经济全球化的趋势，不断寻找突破传统的方法，时刻保持最新的管理理念和方法，增强企业的竞争能力。

其次，领导要时刻保持敏锐的嗅觉，无论是在哪一个行业中，谁能抢占先机谁就能获胜。如果领导失去见微知著的能力，没有敏锐的嗅觉，就容易被淘汰出局，最终阻碍企业的发展。

最后，领导不能只说空话，不干实事。任何理性只有付诸实践才有意义，在现代企业管理中，把握住时机是最重要的，把决策落实到位更为重要。纸上谈兵的人永远无法成就丰功伟绩，因此领导要学会干实事。

高明的领导者不会沉溺在以往的经验中不能自拔，他们懂得举一反三，学会不断创新，不断提升企业的效益和利润。当今的领导者更应该学会在实践中感悟商道，只有不断提升经商技巧，才能逐步积累起财富。

现在，我们再来讨论领导管理智慧的第四个层次，丰富的想象和创造能力。缺乏创造力的领导者只能被动地顺应市场潮流，而充满想象力的领导者却可以引领潮流。领导者只有提升想象力和创造力，才能在激烈的竞争中占领优势地位。一个与时俱进的领导人必须要充分地熟悉市场，能够在市场中建立起独特的优势。在企业的发展中，领导者免不了要同各种各样的对手进行对抗，想要击败他们，就要不断研究对方的优势和劣势，找准对方的弱点，一一击破。此外，领导者还需要突破原有的固化思维，发扬团结合作的精神，用自身的智慧和能力来指导企业超前发展。

最后，我们来谈谈领导管理智慧的第五个层次，逆向思维的能力。面对竞争激烈的市场环境，企业能够做的就是当面对困难时，学会从不同的层面思考，当前面的路走不通，不妨换条路前行，学会逆向思维，有助于企业走向繁荣。在习以为常的事物中寻找新的路径，面对困难，多向思维，必要时进行思维重组。换个角度看问题，也许就能在现有的困境中发现光明。

给管理者的忠告

领导的管理智慧是多样的，他要求领导者不断学习，不断实践。只有不断完善自身能力，提升认识水平，才能率先发现机遇，抢占先机，领先他人。如果一个企业由这样一位充满智慧的领导者带领，那么，这家企业所能达到的高度是不可估量的，他们创造的业绩更是不容小觑的。

中 篇
管理者人格测试

第四章
管理者心理解读

> 管理者在社会关系中所处的地位和社会活动的复杂性及特殊性，决定了管理者的心理活动和心理个性的多样性。作为一个管理者，必须充分认识到自己所扮演的社会角色和这个角色所需要的心理素质，充分解读自己的心理状况。

1. 适应管理心理发展的变化

每一个领导都是从最基层做起，一步步走向公司的管理层的，任何一个领导者在成为领导之前都会有强烈地想要充当领导者的愿望。一般来说，这个世上的人大致可以分为两个类型，一种是领导者，一种是追随者。当你开始走向职场，决定工作时，就要决定你是否愿意在你的岗位中成为一名领导者，还是保持原样永远地当一名追随者。

俗话说："不想当将军的士兵绝对不是好士兵。"对于一个领导者来说，如果没有成功的期望，只愿意平平淡淡地度过一生，那么你如何能成为一名优秀的领导呢？既然你拥有了想成为优秀领导的迫切愿望，那么你就将面对接踵而来的挑战，在各种问题面前，你的心理会不断发生变化。从陌生到熟悉，从急切到稳定，从幼稚到成熟，这是一个领导普遍的心理变化过程。在管理实践中，领导者要主动适应这种变化，在不断的调试中建立稳定的心理素质。

通常来讲，领导的心理发展变化大致分为四个阶段：预备阶段或期望阶段；初级阶段或震荡阶段；发展阶段或适应阶段；成熟阶段或完善阶段。在不同的心理发展阶段里，领导者的心理状况会有不同的表现，面对心理状况的突变，领导者不需要过分担心，只需要学会慢慢适应，慢慢接受即可。

戴尔电脑公司的创始人麦克·戴尔在创业过程中，其心理状况也在不断发生变化。还在大学期间，戴尔便萌发了要创业的想法，那个时候他试着好好上课,但是试过几次却做不到。于是,戴尔开始在宿舍里为他人组装电脑,甚至还申请了一张营业执照。19岁那年,戴尔放弃了学业,建立了自己的电脑公司。

1984年1月2日,戴尔回到奥斯汀,着手准备创业的事情。5月份,戴尔正式以"戴尔电脑公司"的名称注册成功,公司的地点设在北奥斯汀的一个小型商业中心里。那个时候,戴尔雇用了几个人负责处理订单,自己则和另外3名员工在车间里做着电脑升级的工作。戴尔认为,以往的电脑销售方式中间环节太多,最终的电脑虽然售价高昂但利润却很小,为了改变这种状况,戴尔决定要把电脑直接销售给使用者,不再经过中间商,这样一来,公司能够减少许多不必要的开支,还能以最低廉的价格让利给消费者。

戴尔电脑公司在创业之初就十分注重务实和高效率的运作方式,杜绝了所有官僚体制产生的可能性。戴尔要求所有的销售人员都要对电脑装配过程了如指掌,以便更好地了解自己所销售的产品,帮助顾客选择最合适的产品,协助他们解决问题。凭借着人性化的服务手段,戴尔电脑公司赢得了服务卓越的名声,这也成为戴尔保持竞争优势的一大利器。"与众不同,成就非凡,不断挑战,不断成长"成为戴尔公司所有员工的一致追求,戴尔认为,一定要为顾客们提供最好的服务和产品。

1988年,戴尔公司股票公开上市。1992年,达尔公司进入《财富》杂志500强之列,2011年,上升至第六位。在多年的发展中,戴尔公司实现了真正的全球化。现在,戴尔公司已经遍及100多个国家和地区。戴尔公司的不断发展,正是凭借麦克·戴尔本身的执着和努力达成的。

戴尔电脑公司的不断发展,也在印证戴尔本人的心理发展变化过程,从一个初出茅庐的年轻人,到一位商业巨头,戴尔的心理发展经历了最初的准备阶段到最终的成熟阶段。正是因为在大学期间,戴尔拥有创办事业的想法,他才会在日后成立戴尔电脑公司,这也就是说,最初的愿望越强烈,一个人越有可能成就事业。早期对领导工作的渴望和认知,能够影响到日后领导角色的扮演,这对当今的企业领导者具有极深的借鉴意义。

当想成为领导者的愿望变成现实,成为正式的领导,拥有自己真正的事业，某些领导者可能会感到不适，心理和观念会出现极大的不适应状态，因为复杂的领导工作远不像当初想象的那么简单。这个时候，领导者的心理发展进入初级阶段或者说是震荡阶段。如何处理这一阶段的心理状况，如何适应工作，成了这一阶段的重要任务。当你开始扮演新的角色时，不妨把你初次获得的印象一一列在日记中。学会反思，有意识地总结过去的经验，这是做好下一步工作的重要前提。

当领导者在岗位中待的时间越久，其工作经验积累的就越多，情绪也逐步走向稳定，这个时候领导者的工作能力和心理素质基本适应了工作的需要，其心理发展也进入了第三个阶段，发展阶段或者是适应阶段。在这一阶段，领导者需要逐步培养各种能力，不断提升自身素质，迎接未来的挑战。

第一，领导者需要培养统帅能力。无论处在什么地位，无论职位是高是低，领导者总是需要负责一定部门的工作，需要组织一定的人力、物力和财力，为达到一定的目标而共同努力。因此，领导者必须具备一定的统帅能力，否则无法调动他人为你服务。

第二，领导者还需具备一定的应变能力。由于市场变化瞬息万变，企业内部的战略调整也时常发生变化，面对突如其来的改变，领导者要具备灵活的应变能力，这是现代领导活动对领导者提出的一项新要求，也是确保领导活动获得圆满成功的先决条件。

第三，领导者需要具备协调能力。这是指妥善处理自己与上级、下级和同级之间人际关系的能力。在工作中，领导者本人经常需要和不同的人打交道，面对形形色色的人，要根据对方不同的身份、地位、心理状况来选择合适的交流方式。能否与他们友好相处、沟通顺畅，直接关系到自己领导工作的成败。因此，领导者需要具备高超的协调能力来处理复杂的人际关系。

第四，语言表达能力。语言表达能力是领导者的一项重要能力，更是考验领导工作的基本功。语言反映了一个人的思维能力、社交能力和性格、修养。领导者经常需要主持会议、制定政策、传达命令、接待来访、发表演讲……无论是哪种活动，都需要具备优秀的表达能力。

第五，创新能力。没有创新就没有生命力，没有生命力就没有竞争力。领导工作其实就是一种创造性的活动，这种创造性的活动要求领导具备不断进取的创新开拓能力。尤其是在当今科学技术日新月异的时代里，领导者需要面对的形势更加复杂多变，如果不善于提出新问题，没有新想法、新思路，就无法跟上潮流，最终被市场所淘汰。

当领导者的实践能力不断发展，其心理发展状况也进入了成熟阶段或者说是完善阶段。此时领导者的心理发展到了较高的水平，能够灵活地应付各种场面，适应各种环境，并且有效地调节和控制自己的心理与行为。在这一阶段，领导者在各方面能力都有所提高的基础上，还应该注重提升自己的管理技巧。科学的管理技巧能够帮助领导者正确评估形势，正确做出决策，敏锐抓住问题，果断采取措施，也能更好地帮助下属做好工作，调动员工的积极性，完成公司的目标。

给管理者的忠告

企业的成长过程，其实也是领导者的自身的成长过程，在这个过程中，领导者的心理也在不断发展变化，逐步走向成熟。没人能够一口吃成胖子，老板的经验和才华也都是在不断地实践中积累、锻炼出来的。为了实现有效的管理，领导者要从一开始就确定目标，奔着这个目标不断前进，不断调整自己的心理状况，更好地适应当前的形势。拥有一颗成长的心，就能够在不断发展中成长，在风雨中成熟，实现最终的卓越。

2. 拉不下面子，是管理者的大忌

很多管理者总觉得自己身为领导，一定要摆出高高在上的样子，于是便不去接纳下属的意见，不与属下沟通交流，试图通过这种方式来树立权威。其实，这样做反倒容易适得其反。很多管理者不愿意拉下面子，放下架子，不去采纳员工的建议，这就不利于公司的正确决策。要想让公司走得长远，就必须善于倾听，多与属下沟通，建立起畅通的信息交流渠道。

所谓"兼听则明"，管理者要从多方面收集有价值的信息，因此与他人建立良好的合作关系就显得非常重要，这样有利于建立更多的信息渠道。其次，管理者在思考时要注重从多个角度入手。在决策过程中要明白"兼听则明，偏信则暗"的道理，特别是在关键时刻更要深入思考，只有这样才能获取精准的信息，掌握事物的真实状况。

优秀的管理者从不会因为自己是领导而拒人于千里之外，他们坚信"三人行必有我师"，每一位下属同样也是自己的老师，自己都能从他们身上吸取养分。因此，拉不下面子的管理者必将一事无成，而那些毫无架子的管理者最终都有所成就。

某公司董事长施某某采取放权的管理办法将公司经营得红红火火，在企业内部，他实行"快乐管理"，最大限度地保障员工的利益，时刻考虑员工的感受。在施某某的英明管理之下，员工们十分满意，对公司的归属感十分高。为了继续拓展公司的业务，施某某急需一位优秀的管理者，这时他瞄准了在美国电脑界有一定名声的刘某某。他希望刘某某用在美国学到的经验，帮助自己的企业更上一层楼。

当刘某某来到公司后，施某某对他十分放心，他给予刘某某最大的权力来施展身手，坚信他一定能为公司带来不一样的生机。刘某某果然没有辜负施某某的期望，一上台便进行大刀阔斧的改革，他首先放弃了公司长期实行的"快乐管理"措施，采取高度集权的模式，独断专行，绝不允许其他员工发表任何意见，对自己所做出的决策更不能有丝毫异议。同时，刘某某照搬IBM的企业文化，丝毫不加改变地就注入公司中。刘某某时常召集所有的经理人，召开马拉松似的会议，但是任何人都不能发表意见，只能听从自己的言论。

刘某某专制的做法引起了很多员工的不满，有不少员工愤怒地向施某某投诉，但是身为董事长的施某某却不愿意拉下面子听取他们的意见。他觉得，刘某某是自己重金聘请的人才，如果采纳了员工的意见，不就是自己打自己的脸吗？不愿意拉下面的施某某对此事避而不谈，他继续让刘某某在公司内实施改革措施。随着刘某某改革方案的不断落实，公司的业绩不但没能上升，反而迅速下降，让公司蒙受了巨大损失，更让员工们议论纷纷，人心涣散。

这时，施某某的妻子叶某某也发现了其中的问题，她希望丈夫能够亲自出面解雇刘某某，挽回当前失败的局面。但是，施某某此时又犯了难，面对自己请来的下属，怎么能拉下面子解雇他呢？这一定会遭到其他人的非议的，这老脸该往哪放？为了保住自己的面子，施某某对妻子的话也置之不理，他虽然知道公司已经陷入了危机，但他希望刘某某能够挽回当前的窘境，所以他继续支持刘某某的改革。但是施某某的期望却没能得到实现，在刘某某的管理下，公司的情况急转直下，奄奄一息。此时，施某某才听从妻子的建议，拉下面子将刘某某辞退了。

施某某因为拉不下面子而不肯辞退刘某某，使得公司错过了许多发展的大好机会，而且还影响了队伍团结，让员工对公司失去信心。长此以往，公司必将成为一盘散沙，人才不断流失。在企业管理中，面子不是最重要的，利益才是真正需要的。有的时候，领导人总是不愿意拉下脸面，最终让企业一败涂地。因此，管理者必须放下身段，从公司发展的角度出发进行取舍。一名优秀的管理者不会因为面子而置公司的生死于不顾，他们会抓住一切时机，摆脱不必要的麻烦，让企业在难得的机遇中实现发展。

中国人好面子，做老板的更好面子。有的老板心肠硬，不愿意听下属的意见；有的老板心肠软，不懂得拒绝下属。心肠软的领导连说个"不"字都要思考个半天，犹豫不决。看到员工一而再，再而三的犯错也拉不下面子去批评。殊不知，你的软心肠会害了员工的发展，更会害了整个企业的发展。因此，作为领导在必要的时候也需要放下面子，懂得批评员工，拒绝员工。

某位经理急匆匆地出门准备会见一位重要的客户，在走廊里却与一位员工不期而遇。员工看到经理走来，急忙停下脚步，拉住经理说："经理，我可终于碰上你了。最近我在工作上碰到了不少问题，正想向你请教呢。"接下来，员工开始滔滔不绝地向这位经理汇报起工作来，还提出了不少问题，期待经理能给一个合适的解决方案。虽然经理马上就要去会见客户，但是面对如此好学的员工却不忍心打断，他只能装得很认真地倾听，实际上却心急如焚。结果，这位经理浪费了大量时间听员工汇报问题，失去了与客户见面的机会，给客户留下了很不好的印象，失去了一个重要的订单。

对于管理者而言，时间就是金钱，在你要忙于重要事情的时候，千万不能让员工耽误了你的时间。所以，在关键时刻，面对员工的询问可以坚决地说"不"，懂得拒绝员工的领导，才能把握时机，更能启发员工自己开动脑筋，锻炼他们的能力。很多管理者因为承担着做领导的责任，面对下属的一切事情都要插手帮忙，经常把自己累得半死，却没能对员工的工作起到丝毫的帮助。很多时候，由于拉不下面子，管理者一直在做无用功。

领导不"狠"，公司不稳。面对下属不断提出的要求，管理者要视情况而定，对于他们能够独立解决的问题，大可不必插手，只有那些涉及重大问题的事件，领导才需自己出面解决。拉不下面子是一种病，是一种虚荣心，一种高傲自大、装腔作势的不良作风。俗话说："骡马架子大了能加辕，人架子大了不值钱。"放下你的架子，拉下你的面子，你就能成为一个好的领导，一个优秀的管理者。

很多人经常说"某某领导没架子"，便是对一个领导发自内心的赞赏，说明这位领导平易近人，做事有分寸。在企业里，能够拉下脸面，放下架子的领导才能留住人才。放下架子，就是赢得了合作的机会；拉下脸面，就是给自己的企业一个腾飞的时机。有了人才，有了合作伙伴，工作才能平步青云，事业才能红火，企业的生命力就能更强。

给管理者的忠告

办企业，开创事业，身为领导必须要放低姿态，懂得拉下脸面。在必要的时候听取下属的意见，在关键的时候拒绝下属的无理要求。只有把握住了做领导的分寸，才能和员工打成一片，让企业不断进步。

3. 令人喜欢，还是受人尊重

领导形象的好坏很大程度上取决于他的个人魅力，一个人的魅力是无形，看不见也摸不着，但却是真实存在的。对于企业的领导来说，只有在公司里形成独一无二的个人魅力，才能赢得下属对自己的尊敬。

在现代社会里，每个人都希望能得到他人的喜欢。但是作为企业的领导，想要每个员工都喜欢自己却是难以办到的，这更像是一个幼稚的想法。身居高位的领导，无法考虑到每个员工的感受，自然也就无法让每一个员工都喜欢自己。每个员工都有自己评判事物的标准，不可能对领导做出的每个决策都满意，因而领导也不必纠结员工是否喜欢自己。其实，想要让自己令人喜欢的领导们更希望员工能够加倍努力工作，提高工作效率，那么你不妨改变自己的心理倾向，从受人喜欢转变为受人尊重。

做一个受人尊重的领导，在员工队伍中间的威信就会大大增加，下属们便会全心全意地工作，服从领导的指示，完美地完成任务。因此，与其做一个令众人喜欢的领导，不如做一个受人尊重的领导。那么，我们不禁要问，如何成为一个受人尊重的领导。其实，这与领导者本人的能力、品性和态度有极大的关联。在工作中，领导者要树立起正面形象，时刻用自己的人格魅力来感染员工，传递正能量，让员工们在一种积极向上的氛围中努力工作。

具体来讲，领导者要首先具备长远的目光。身为领导者，不能只谈眼前的蝇头小利，而是要学会放长线钓大鱼，为企业的长远利益考虑。一个成功的领导者必须具备高瞻远瞩的眼光，长远的眼光不仅象征着无限的财富，更代表着人生的辉煌和巨大的成就。目光短浅的领导者能够取得的成就是有限的，而拥有长远目光的领导者未来不可估量。

"亚洲糖王"郭鹤年在赚到第一桶金后并没有收手，他决定要继续大干一场。在拥有一定的资本之后，郭鹤年又瞄准了旅游业，那个时候世界旅游业的发展如火如荼，而事实证明，郭鹤年的选择是极为正确的。郭鹤年在一本小说中知道了一个神奇美丽的地方——香格里拉，这是安躺在西藏群山峻岭之间的人间仙境，每个身处其中的人都能感受到前所未有的宁静，在舒适的环境中忘记一切尘世的烦恼。

凭借小说中给予自己的灵感，郭鹤年创办了香格里拉酒店，将书中的仙境带到了现实生活里，让香格里拉变得不再虚幻。凭借传统的文化气息、优美的景观设置以及优质的服务理念，香格里拉迅速在市场中打响了名声，发展势头不可阻挡。郭鹤年不仅在国内各大旅游城市开起了连锁酒店，甚至开拓海外市场，先后在吉隆坡、曼谷、首尔、温哥华等著名旅游城市建起香格里拉酒店。

想要看一个领导者是否有长远的目光很简单，只要看他有没有昂扬的斗志，是否拥有远大的理想，懂不懂得如何规划自己的人生。郭鹤年正是这样的领导，因此他能将自己的企业经营在全球各个地方，收获了巨大的财富。把眼光放长远，你就能看到自己未来的发展，带领员工们共同拼搏，不断进取。只有雄心勃勃的领导者才能赢得员工的尊重，那些畏首畏尾的领导者只会迎来员工的嘲笑和讽刺。

对企业领导者来说，仅仅会表扬下属还远远不够，还需要拥有以身作则的表率能力。在企业内部做领导，不仅仅要制定出科学的战略，更要坚定不移地执行。领导者本人就像是团队的一面旗帜，指引着整个队伍前行的方向。在领导下属的过程中，领导者本人必须要以身作则，发挥表率作用，只有这样才能让人信服，赢得下属的尊重。为了更好地树立榜样作用，做好表率工作，领导要注意以下几点：

第一，相信自己的员工，用对员工的信任赢得他们的尊重。

第二，了解员工的需求，满足他们的合理要求。

第三，尊重是相互的，想要赢得员工的尊重，就要先尊重他们。

最后，领导者需要拥有令人臣服的精神力量。精神力量来源于领导者本人的良好品质，一个品行端正的领导者更容易让人信赖，即使才能稍逊，也比那些品质恶劣的人更能赢得人们的尊重。某些领导者品行不端，自私自利，做事毫无原则，全凭个人喜好，试问这样的人如何能让人尊重，又怎能将一个企业的发展重任交托在他的手中。

很多领导者总是觉得，自己既然身为一个领导者，必须要具备过人的才能，绝对不能比自己的员工差。其实，这是一个观念上的误区，很多领导者虽然能力不比自己的下属，但他们善于协调指挥，懂得如何管理团队。

面对自己的弱点，领导者完全不需要担心，只要坦然地接受，不断地向员工学习业务知识，不断地弥补不足。只有这样做，员工才不会觉得你是个庸才，反而觉得你虚心好学，没有架子，值得信赖，进而从心底里尊重你。作为一个领导需要明白，你不需要处处强于别人，毕竟闻道有先后，术业有专攻，你的长处胜在善于领导、管理他人。

给管理者的忠告

领导是一门艺术，进入领导岗位，你就需要学会用自身的魅力来赢取员工的尊重，不断提升自身形象，让员工对自己的管理心服口服。与其做一个人人喜欢、干不了实事的领导，不如做一个受人尊重、统领全局的领导。

4. 时刻修炼心理承受力

顽强的意志是一个人成功的必备条件，对于管理者来说，坚定的意志对于事业的成功起到至关重要的作用。在实际工作中，一个拥有极强心理承受力的领导者容易应付各种纷乱和危险，但是如果他缺乏一定的承受力，便容易被责任和眼泪所击垮。因此，时刻修炼心理承受能力是管理者必须要做的功课。

虽然商业上的竞争远没有战场中那么凶残、那么血腥，既没有硝烟四起的场面，更没有你死我活不容置疑的生死界限。但是，对于我们管理者的素质要求却并不比战场上的将军差。因为商业竞争之惨烈并不逊于战争，只不过战争的结果更加直观，战斗的场面更加残酷、一目了然，而商业的竞争虽不及战争那么触目惊心，但暗地里的钩心斗角更让人心惊胆寒。商业竞争手段复杂、隐蔽，不易察觉，如果管理者缺乏必要的心理承受能力，那么必将在竞争中一败涂地。

对公司管理者和领导来说，要时刻肩负起自己的责任，必须在别人安逸的时候提起百倍的精神，准备时刻应付可能到来的危险。面对纷繁复杂的情况，在头脑清醒时应对自如；面对生死存亡的重大危机时，要勇敢果断，带领大家走出困境，迎接下一次的挑战。领导者的个人素质直接决定了企业的生存，这是一种逐渐培养、慢慢形成的心理素质，在这种素质背后，是顽强的意志和自制力。

取得了胜利，该高兴就应该高兴，但在兴奋之余，领导者还需要及时检讨不足，预测下一次可能遇到的危机，决不能得意忘形，这既是一种责任更是一种眼光。当危机来临，形势极为严峻的情况下，总经理必须要做到信心百倍，面不改色，以极大的心理承受能力坦然的面对眼前的情况，用十足的把握来解决问题。

美国麻省理工学院曾经做过一个很有意思的实验，实验人员用铁圈将一个小南瓜围住，以观察随着南瓜的长大，能对铁圈产生的压力有多大。

在试验的第一个月，南瓜承受着500磅的压力，当实验进行到第二月时，南瓜承受着1500磅的压力。当南瓜承受到2000磅的压力时，实验人员开始对铁圈进行加固，以免南瓜将铁圈撑开。当实验接近尾声时，整个南瓜已经接近超过5000磅的压力。

实验人员把南瓜切开，惊讶地发现它的内部充满了坚韧牢固的层层纤维。为了能够获得充足的养分，突破铁圈的限制，南瓜所有的根往不同的方向全面生长，直到控制了整个花园的土壤与资源。虽然这样的南瓜已不能食用，但它顽强的抗压能力却感染了每一位实验人员。

由南瓜的成长想到了一个企业的成长，很多老板都想让自己的企业做大做强，但是却完全忽略了想要让企业壮大自己必须先变强的原则。普通的南瓜尚且能够承受如此巨大的压力，那么作为人类的我们能够承受多少呢？在很多情况下，人类远远比不上南瓜。很多企业的领导者根本没有承受压力的勇气，有时候甚至压力还没加到他们身上，他们就已经先趴下了。他们对自己的能力持怀疑的态度，不敢与压力相抗衡，为了让自己摆脱困扰，他们总是第一时间就投降示弱。

阿里巴巴集团创始人马云说："优秀的企业家必须学会比别人提前适应。这个环境，谁先适应谁就有机会。"对于今天的领导者而言，虽然商业竞争足以让自己心力交瘁。但如果想渴望公司有好的发展，取得突破，在面对压力的困扰，领导者必须学会消除心理压力，锻炼承受能力，将压力化于无形。对于领导者而言，要消除心理压力，锻炼承受能力，要从三个方面来把握。

（1）拥有宽广的胸怀。

有宽广胸怀的人，无论面对什么样的困难都能泰然处之、镇定自若，因此他们的压力就会减少很多。想要拥有宽广的胸怀，首先要丰富自己的内心世界，拥有宽广大度的心理品质。只有内心世界丰富了，才不会瞻前顾后，忧心忡忡，待人接物也会更加宽厚，遇事也会更加明理，对待生活和工作中的压力，也能有效应付。

其次，要坚定信念。领导者要怀揣对未来美好的憧憬，坚信未来是美好的，是光明的，从而在压力面前树立必胜的决心。很多成功的企业人士之所以能够获得成功，就是因为他们在压力面前抱着必胜的决心，有着坚定的信念，不畏艰险。

最后，要投身到集体之中。很多领导者终日把自己困在小小的办公室里，不愿与人沟通交流，不去融入集体，这种做法其实就是在折磨自己，让自己在压力的折磨下逐渐崩溃。领导者要相信，集体的力量是强大的，能够给自己足够的关心和温暖。只有积极地投身于集体之中，才能让心情更加愉快，胸襟更加开阔。

（2）拥有执着的追求。

所谓执着的追求就是要始终不渝地热爱生活，用自己的双手去创造美好的生活。领导者要树立起热爱生活的信念，只有对生活有执着的追求，才能够承受住工作上的压力，对工作上所有不快的事情，都会以无所畏惧的勇气去迎接，只有这样才能建功立业，让自己的企业越办越好。

为了做到这一点，领导者首先要建立起自信心。自信心是拥有执着追求的深层心理的表现，是消除压力的重要心理素质，只有充满自信心，才能有勇气面对挫折，并且朝着既定的方向不断前进。其次，要拥有坚强的意志。意志可以调节人的行动，有了坚强的意志，领导者就能够按照理智的要求控制自己，冷静地对待生活中的压力。

（3）拥有科学的方法。

首先，提高耐力法。只有经历过痛苦的人，才有勇气去面对痛苦。感受心理压力便是一种痛苦的体验过程，有时候，强大的心理压力能杀死任何一个坚强的人。当领导者面对工作的压力，生活的重担，处在极为失落、痛苦的时候，必须要不断提醒自己，决不能惊慌失措，不要被这些表象吓到。因此，当我们面对心理压力时，一定要有忍耐力，不断承受痛苦，让自己越挫越勇，最终锻炼成一个不畏艰险、不惧痛苦的人。只有在压力面前站稳了脚跟，才能有方法消除它，让压力转变为动力。

其次，分散注意法。心理压力大的人，往往喜欢把所有的注意力全部集中到自己遭遇的痛苦中，忘记生活中还有欢乐的事物。长此以往，便更难走出压力的阴影。对此，不管你遇到什么样的苦难，产生多大的心理压力，也请你记住，生活中依然有许多值得你快乐的事物。你需要强迫自己去做一些有意义的事情，可以是运动、阅读、听音乐，和家人来一次旅行，这些事情能够让你很快地走出阴霾，重拾对生活的信心。

给管理者的忠告

有压力的日子令人不舒服，面对压力，你绝不能选择逃避，而是应该勇敢地去面对，主动地迎合它。不断接受压力的考验，不断提升自己的心理承受能力，让自己成为一个坚不可摧的勇士，那么，生活中再多的困难也不足为惧，再多的艰险也不足挂齿。

5. 重视与员工的心理契约

目前，大多数企业都注重与员工通过建立劳动契约的方式来维系双方在权利、义务以及利益方面的关系，但随着经济社会的不断发展，当今社会中的人才更具独立性和自主性，传统的雇佣模式难以发挥员工的创造才能和工作激情，而依靠原有的经济性聘任期约也无法调动员工的积极性和主动性，于是便出现了心理契约的新方式。

所谓"心理契约"即是一种角色期待，是指群体或他人对个体所扮演角色的期望行为模式，也就是群体或者他人认为，个体在某一特定的情境中应该做出什么样的行为反应。企业通过与员工建立心理契约，可以在双方之间建立一种微妙而含蓄的期望，使双方期待对方能够满足自己某些特殊的需求。这种心理契约模式规定了劳资双方的期待。比如，企业希望员工能够认真合作，忠于企业，听从指挥；员工则希望在企业中获得公平、公正的对待，提供舒适宽松的工作环境等。

企业通过与员工建立心理契约，使企业与员工之间相互吸引，达成了一种和谐状态。员工愿意接受企业的指挥和目标，并且为企业贡献自己的才能；企业为员工提供优越的待遇，使员工更加努力工作。总的来说，企业与员工建立心理契约有三个方面的好处。

首先，能够增加员工对企业的认同感。企业如果和员工建立了心理契约，使双方更加了解对方的期望和需求，员工在了解企业的价值观和未来的发展目标的基础上，不断提高自身的能力，使之更适合企业的发展。

其次，员工对企业的忠诚度不断增加。由于有心理契约的存在，员工清楚地知道自己的命运是和企业紧密相连的，只有符合企业的要求，自己的职业生涯才能实现和发展。因此，员工会不断调整自身行为，保持和企业的良好关系，从而增加对企业的忠诚度。

最后，使员工有清晰的努力方向。心理契约的建立，使得员工明白什么事情可以做，应该怎么做，并且明确自身的努力方向和目标。在此基础上，员工会和企业达成一种"默契"，最终实现个人和企业的共赢。

摩托罗拉公司在与员工建立心理契约方面有着深厚的经验，一直以来，摩托罗拉公司一直奉行"以人为本、尊重员工"的核心管理理念，认真指导每一位员工的每一项工作。为了吸引更多的人才来到公司，摩托罗拉对每一位前来面试的应聘者都采取平等对话的姿态，始终保持和谐顺畅的沟通，努力建立起充满人文关怀的心理契约。

在摩托罗拉公司，一旦成为正式员工，你就可以安心地将其作为终生的职业，除非你在任期内犯有重大过错，否则员工绝不会被轻易解雇。尽管在经济不景气的时期，摩托罗拉也不轻易裁员，这体现了它作为一家大企业的责任感，这不但增强了员工的归属感和认同感，坚定了他们为企业效力的决心，更让企业能够对员工进行长期的投资和培训。

为了让员工拥有一流的知识技能，建立起一支高素质、高创新能力的员工队伍，摩托罗拉公司要求每一位员工每年至少参加40小时的培训学习。在摩托罗拉公司里，员工们能够拥有终生的职业承诺，还有完善的培训模式，完全不用担心失业的问题，在如此优越的待遇下，员工们能够全身心地投入到工作中去，不断提升自身素质，提升未来发展前景，最大程度地实现自身价值。

在心理契约的维护上，摩托罗拉公司更注重人性化的措施。公司最高领导人每个月都会抽出一天的时间，与那些奋战在基层的员工们进行面对面的交谈，了解他们最真实的想法，最迫切的需求，体会基层员工的真实工作状态。在沟通中，领导者还会向他们传达公司未来的发展目标和战略走向，将企业的期望直接传达给基层工作者。依靠这种艺术化的领导方式，公司沟通效率大幅度提升，也使得公司内部充满了家庭的温馨氛围，每一位员工都能加倍努力工作。

为了提升员工的归属感，摩托罗拉不断完善沟通渠道，让每一位员工都有权向公司直接提出自己的建议。对于那些被采纳意见的员工，公司会给予他们丰厚的奖励。在摩托罗拉公司里，领导者十分重视来自基层的意见，依靠这些有建设性的建议来不断完善公司生产流程和管理流程。不管建议是否合理，公司都会在第一时间进行反馈，从而提升每一位员工的参与感和归属感，收获公司的认同感，提升自身的成就感。在心理契约的实施中，摩托罗拉认为自己还有很长的路要走，而这些只是最初的阶段。

心理契约大多隐藏在人们的内心中，没有成文的规定，只能依靠双方细心体察和领悟。当员工的心理契约中所蕴含的角色期待无法被满足时，他们的工作绩效就会受到极大影响。因此，企业若想实现利润目标，提高工作绩效，就必须满足员工对企业的角色期待，建立完善的心理契约。那么，企业该如何建立与员工的心理契约呢？可以从以下几个方面参考：

第一，在招聘过程中真实、准确地传递企业的信息，这是建立心理契约的基础。招聘员工是发展企业的第一步，在招聘新员工的时候，就应该真实准确地传递有效信息，绝不能对公司的真实状况有所隐瞒。在招聘过程中，企业应该如实透露公司的文化、发展现状、产品结构、工资待遇、工作内容、工作环境以及发展前景。只有让员工对企业有全面的了解和认识，才能让他们看到公司的诚意，进而提升他们未来的忠诚度和对工作的满意度。

第二，建立起良好的企业规范，这是心理契约的保障。企业规范是由企业自己确定的，并且需要所有成员共同遵守的一套行为准则。企业规范意味着企业员工应该明白自己的工作内容和工作任务，并且在规范下约束自己的行为。良好的企业规范使得企业对员工的承诺有了制度上的保证，让员工能够踏实地感受到自己的付出是有回报的。因而，良好的企业规范是企业与员工之间心理契约的保障。

第三，企业要讲诚信，遵守诺言，提高心理契约的可靠性。企业有了规范就要坚定不移地执行，否则只是一纸空文，毫无意义。企业只有做到有令必行、言而有信才能真正收获员工的信任，让员工相信企业，彼此之间才能建立起信任感，使得双方的心理契约得到有效的保证。

第四，公平的报酬体系，是建立心理契约的机制。公司的薪资待遇是否公平、公正，直接关系到员工工作的积极性是高是低。只有将报酬政策与员工的期望保持一致，才能让员工真正地信赖公司。员工所期望的报酬不仅仅只有工资待遇这一方面，更包括工作环境、工作时间、工作地点，以及未来的晋升机会、培训机会等，只有满足员工的期望，才能让他们感受到公平的对待，从而满足对企业的心理期待，使得心理契约维持的更牢固，更长久。

第五，及时沟通，了解员工诉求，保证心理契约的动态调整。虽然劳动契约的建立是稳定，但企业与员工的心理契约却是不断变化的。在劳动契约签订后，伴随着员工自身素质和能力的不断提高，员工对企业的认识不断加深，需求也会随之发生变化，这些变化便会使得双方心理契约的内容发生改变。如果这些改变没有被企业及时了解和掌握，就容易发生不愉快的事情。轻则影响员工的工作态度，重则造成心理契约的破裂，企业核心人才大量流失。因此，企业必须随时掌握员工的心理变动情况，当他们提出新的诉求时，要及时予以反馈，对心理契约进行修补。

给管理者的忠告

员工在企业工作，追求的不仅仅是获得经济报酬，更多的是为了发展自我、实现自我、成就自我，依靠企业更好地实现自身价值。因此，现代企业要重视员工的这一心理诉求，与员工建立起和谐的心理契约，满足他们的需要，将个人的发展融入企业的发展当中，实现双方的共赢局面。

6. 换位思考：从别人的观念看事情

员工在企业里和老板相处，总是难免会闹出许多矛盾，究其原因，正是因为双方站在不同的角度思考问题，有各自的立场。从不同的角度出发，双方只考虑关乎自身的利益，而从不在意对方的感受，久而久之，矛盾越积越多，达到不可调和的地步。所以，想要做一个好的领导者，有时候便需要学会换位思考，多从对方的角度思考问题。

领导者只有把自己置于员工的位置上，问问自己"希望领导者是个什么样的人？"从中找出成功领导者需要的能力，并且身体力行。只有学会了换位思考，才能让企业内人与人之间协调工作，消除各种难以调和的矛盾，增进彼此的理解。一个企业就像是一个大家庭，领导者则是这个大家庭的家长，他需要考虑员工们的感受，并且要不断增进彼此的感情，为共同的目标而努力奋斗。

换位思考需要领导者站在对方的角度思考问题，从别人的观念看待事情，从而更好地增进彼此间的了解，有效规避因为信息的不充分而造成的风险。换位思考其实可以充分增进彼此对事物的认同，从而达成意识形态上的一致，减少不必要的分歧，有利于工作的进行。一个高明的领导者会经常站在员工的角度思考问题，保持企业内部良好的合作氛围，使企业经营活动能够和谐有序、高效地运转。如果缺乏换位思考的理念，不仅会对自身形象造成负面影响，更会为企业的运转造成致命伤害。

西洛斯·梅内是美国国际农机公司的创始人，曾发明出世界上第一台收割机。在经营公司的几十年时间里，梅内遇到过许许多多的困难，但最后总能化险为夷，成功克服。之所以每次都这么幸运，与梅内的管理方法是分不开的。梅内十分注重与员工的沟通，能够从员工的角度出发思考问题，从而制定许多备受好评的管理措施。

　　在公司内，梅内是最高的掌权人，他掌握着每一位员工的命运，但是梅内却从不会轻易乱用手中的权力。相反，梅内会经常站在员工的角度换位思考，只要员工不触犯公司的制度，只要他们不对公司造成巨大的危害，他就不会为难员工。当面对犯了错误的员工时，梅内也不会恶言相向，他会首先站在员工的处境思考问题，反思自己是否制定了不合理的管理措施才造成这个问题的。

　　有一次，一位员工在工作期间喝得酩酊大醉，在办公室内大吵大闹，影响了周围人的工作，严重损害了公司形象以及其他员工的正常工作。这简直是对公司制度的践踏，按照公司的规定，这位员工一定会被开除的。人事部立即做出反应，相关手续均已办好，只等梅内的批准。这位员工在知道自己即将被开除后，酒醒了大半，他感到非常难过，十分懊悔自己的举动。他找到梅内说："当年公司面临困境的时候，三个月没发工资，我一句怨言也没有。如今公司强大了，我犯了一点小错误就要被开除，这也太不近人情了吧。"梅内听完员工的话，镇定自若地说道："公司有公司的规定，既然你犯了错误，就必须为自己的行为付出代价。如果是我的管理方式出现了问题，那么我向你道歉。"

　　这位员工悻悻地走出办公室，来到自己的办公桌前开始收拾东西准备走人。这时，一位同事来到梅内的办公室里对他说起了不为人知的秘密。原来，那位员工的妻子最近刚刚离世，他白天要上班，晚上回家还要照顾两个未成年的孩子，一个孩子因为在上学途中摔断了腿，另一个孩子由于失去了母亲终日哭个不停。这位员工由于十分痛苦，才借酒消愁，结果闹成了这种局面。

　　梅内听完后，觉得有些懊悔，不该这么草率地就把他辞去。他立即找到这名员工，安慰他说："我真是糊涂，不该这么草率地就解雇你。你现在专心照顾两个孩子吧，我也不辞退你，你的工资照常发放，先把孩子安顿好再来上班。"说完，梅内还将一张支票递给他。员工听了梅内的话，转悲为喜地说道："你真的不开除我了吗？"梅内反问道："难道你希望我开除你吗？"就这样，梅内从员工的角度考虑到对方的难处，及时弥补了自己犯下的错误。

发现并且运用一个人的优点，你只能得60分；如果你想得80分，你就要学会容忍对方的缺点，并且帮助弥补他的不足之处。你的下属不是神，并不能把所有的事情都做得完美无差，有的时候，你必须从对方的角度出发，去考虑问题，去看待事情，那么你将有不一样的收获。每个人都有优点和缺点，评价一个人的好坏，关键在于你看待事情的角度，出发点不同，得出的结论便会相距甚远。同样的，领导者在评价员工的时候，也应该从不同的角度出发，学会站在员工的角度思考问题。

任何时候，评价一个人绝不能只停留在一个水平上，评价人物的标准不能僵化，要全面地看待对方的长处和短处，用发展的眼光看待对方。只有这样，领导才能把对方的长处和短处结合起来。所以，善用对方的短处，这既是一种态度，是一种能力。那么，我们要怎么做呢？

第一，要正确认识下属的优缺点。同样的一件事物，有的人觉得它是宝贵的，有的人却觉得它一文不值。同样的道理用在人身上也是一样的，领导如果只会用消极的眼光看待下属，那么眼里只有员工的缺点和不足，如果用发展的眼光看待下属，他看到的必定是下属的长处。所以，有的时候人的本质并没有发生变化，变化的只是看待的角度而已。因此，作为领导，一定要对下属进行全面的、多角度的观察，正确地看待下属的缺点和不足，懂得充分地利用他们的能力。

第二，大胆用人，不拘一格。每个领导者都希望自己的下属是全能人才，但这却是难以做到的事情。所以，领导在选拔用人时，便会冒一定的风险。因为，领导者要面临自己的员工是庸才的可能性。尽管如此，领导者也必须打破传统的束缚，大胆用人，不拘一格，抛开世俗的偏见和压力，重用那些在一般人看来有缺点的人。换一个角度去用他们，你便会发现不一样的人才。

第三，学会换位思考。这是做领导的必备素质，老子曾经说过，认识别人是有智慧，认识自己才是真正的聪明。换位思考是认识他人、认清自己的最佳办法。领导者只有学会换位思考，懂得"己所不欲勿施于人"的道理，才能更加理性地为人处世。领导者要不断改进、完善自我，以宽容的心态对待别人，不断发现对方的长处并予以肯定。久而久之就能建立起互相理解、互相信任的关系。

给管理者的忠告

换位思考以诚信为基础，以沟通为桥梁，是一种极为先进的管理手段。领导者在采用这种管理方式后，能够在企业内部营造轻松愉悦的氛围，获得员工的一致好评，实现科学管理，建立良好的企业文化。

第五章
性格测试

习惯决定性格，性格决定命运。管理者性格不同，在运筹帷幄、统筹管理与规划、团队管理、用人带人、处事方式等方面都有极大的不同。

1. 性格类型

性格是个体心理特征核心的部分，它是一个人相对稳定和习惯处事方式反映出来的特质。人与人的个性差别首先表现在性格上，其形成并不是一蹴而就的。其次，每个人先天的心理素质、家庭条件等客观环境的影响使得其因人而异。不同的人性格不同，在管理方面也有不同的抉择。一般意义上，就个人能力、平时表现、价值观等方面，性格可以分为以下九种类型。

（1）第一种性格：适应型性格。类似于"变色龙"，他们有极强的适应能力，是天生的谈判家。遇事不循规蹈矩，长于沟通，是出色的谈判家，能够快速融入新环境，接受新鲜事物。外界看来，"变色龙"没有个性，实际上他们认为"没有原则就是最高原则"，遇事具体问题具体分析，找到最适合自己的道路。面对突发事件，具有高度的应变能力。性格拿捏得当，处事态度及方法可以伴随着事态的发展而变化。这种的人适合做外交官。

（2）第二种性格：目标型性格。类似于"狼"，他们立志要做一个成功的人。任何事情都有自己的明确目标，他们相信"水滴石穿"。循序渐进、稳扎稳打，每一步都有自己的任务目标。目标型性格的人，享受鲜花和掌声，渴望成为万众瞩目的焦点。面对目标，他们完全可以不顾外在的干扰，不顾自己的心理和身体承受能力，是典型的工作狂，一旦目标确定，便全力以赴。但他们最不能接受失败，在很大程度上成为"致命"的弱点。

（3）第三种性格：文艺型性格。在他们看来，心灵感知的感觉最重要，并希望得到众人的理解。独特的艺术天赋是文艺型性格的典型特征。创意、灵感对他们来说极其重要。文艺型性格的人能够快速捕捉感官世界、意识理念的东西，并用自己的理解呈现给外人。对待某一事物，讲究品位感觉，他们一直都寻觅自己想要的东西，大家似乎永远走不进他们的内心世界，而他们又希望众人多肯定和理解他们。在他们的眼中缺乏比较理性的东西，缺乏一定的逻辑分析能力。艺术设计、文艺工作者大多是这种性格。

（4）第四种性格：知识型性格。对他们来说，知识永无止境，活到老，学到老。知识是生活中必备的精神食粮，对知识的探索超出常人的想象。知识型性格的人似乎不关心其他琐碎事务，"两耳不闻窗外事，一心只读圣贤书"形容他们最好不过。他们渴望用知识来改变那些需要帮助的人，希望通过知识达到改变世界的目的。每一天的生活都井井有条，时间观念特别强。但是，知识型性格的人不太善于向他人表达自己的感受，交际和应酬对他们来说都是可有可无。这种性格的人大多从事科研工作。

（5）第五种性格：严谨型性格。追求完美、一丝不苟是他们的人生态度。开放型的眼光，统筹协调发展，顾全大局，不局限于小恩小惠是其固有的特征。严谨性格的人大多追求高质量、高效率的生活。不打无准备的仗，每一步都要有自己的完美计划，因此他们太过于按部就班。他们容忍不了"错误"，有着思想和精神上的洁癖，一旦发现"错误"，便要立即纠正。在他们看来，原则和底线是非常重要的，他不允许任何人破坏他的规则。"原则"一旦被打破，就要度过艰难的适应期和过渡期。

（6）第六种性格：警觉性性格。类似于"猫头鹰"。"猫头鹰"对待事情要求精确度，处事客观合理，沉着应对一切，时常保持对外界的高度警惕。在完成一件事情之前，一定要预测可能存在的风险和麻烦，对他们而言，都会有第二计划。对于外界的信息，都会仔细核实是真是假，因此，他们极度不相信"谣言"。但在一些情况下太过保守。唐朝有"神探之称"的狄仁杰正是此种类型的典范。这类人适合从事警察、律师等职业。

（7）第七种性格：支配型性格。森林之王之称的"老虎"一般企图心强烈，竞争力和行动力强，凡事喜欢掌控全局发号施令，不安于现状，全力以赴完成自己的目标和梦想。他们经常扮演领导者的角色。此种性格的人，有着坚强的意志力，逢山开路遇水搭桥对他们来说是家常便饭。另外，他们有衡量公平的尺度和天平。他可以接受直言不讳的意见。对他而言，在任何场面失去控制是令人挫败的。

（8）第八种性格：活跃型性格。类似于"孔雀"，他们具有热情的特质。作为最美丽也最吸引人的动物，"孔雀"待人热情洋溢，口才形象极佳，在任何场合都能建立让人羡慕的人际关系。活跃型性格的人涉猎广泛，多才多艺，对他们来说，任何地方都是施展自己的舞台，也因此而成为舞台上的翘楚。面对新工作时，无所畏惧，展现自己最优秀的一面。在处理尴尬环境时，也能利用现有条件化干戈为玉帛。但做事情有时不思量大局，容易半途而废。

（9）第九种性格：平淡型性格。他们待人随和，看淡人生百态。平淡型性格的人有着同龄人没有的坦然和淡定，对待事物不惊不喜，沉着冷静。任何一件事情，只要不突破自己的底线，他都可以当作没有发生过。对他们而言，能忍则忍。在一些争吵中，经常扮演"和事佬"的角色。面对亲朋好友的请求，有时不懂得拒绝对方。他们有自己独特的思考方式，对待人和事有着不一样的理论想法。面对权力无所畏惧，不争不抢，坚持自己的处事态度和价值观。

当然，每个人并不是都只有一种性格，大部分人介于两者之间，有些人也只是在某一种性格方面更加突出而已。

××公司遭遇了有史以来最大的困境，公司集体面临严峻的考验。面对公司如何抉择，公司的高层领导者众说纷纭，A领导建议实行破产，另谋高就；B建议由其他公司收购；C建议裁员，维持公司的正常运转；D建议降低薪资，继续维持工作运转等。

A领导是典型的目标型，接受不了失败；B领导有严谨型和目标型的双重特征，一定程度上接受不了失败，但同时也为公司及以后发展考虑；C领导具有支配型和平淡型的双重特征，既想控制局面，又认为在他的努力下，可以度过危机；D领导高瞻远瞩，帮助公司化解危机，兼有支配型、平淡型和适应型等多重特征。九种性格相互交叉、相互影响。每个独立的个体兼有双重特征，那些成大事者，必统筹全局，运用得当。

2. 性格特征

不同的性格类型有不同的特征。"金无足赤，人无完人"，每个人都有自己的优点和缺点。性格影响人的各个方面。不同性格的管理者，在管理方面也有自己的特色。

（1）适应型性格。

个性特点：可以很自然地融入新环境，不管他们之前处于何种位置，面对新工作新环境能够快速调整自己的状态。沟通能力强。

优点：做事细心，擅于言谈，举止大方，乐于助人。日常生活中，我们时常称他们为"乐天派"。面对困境，积极乐观是他们的天性。

缺点：性格善变，令人捉摸不透。有时他们很相信"谣言"，外界的干扰会影响其判断力。由于太重视对方，因此做事小心翼翼，唯恐伤害到别人。而且适应型性格的人害怕别人遗忘自己，一直谨慎地维护自己建立起来的人际关系网络。

言谈举止：倾听对方的意见和建议，眼神中经常流露出关切对方温柔的神态。

（2）目标型性格。

个性特点：目标明确，追求成功，典型的工作狂。

优点：目标型性格的人有着优于他人的自信。做事不抛弃、不放弃，坚持不懈直至目标完成。无论从事何种职业，他们都是佼佼者。为了工作，可以不顾一切完成任务，因此得到公司的重用。

缺点：成功对于他们来说太过重要，为了目标，可以不顾自己的身体和心理承受能力。有时，压力太大而不懂得放松自己。他们不允许自己的人生存在"失败"的污点。

言谈举止：举手投足间时刻充满着自信。每一天都保持精神的状态。

（3）文艺型性格。

个性特点：文艺范，典型的艺术家气质，忧郁。

优点：文艺型性格的人很善良。独特的艺术天赋是文艺型性格人与生俱来的特质。他们擅于捕捉生活中的细节，是个很细心的人。讲究品位，追求浪漫的生活情调。

缺点：内向，不愿意别人看到自己的世界。多愁善感，在他们的内心感性大于理性。外界不能理解他们忧愁的世界。孤僻，不愿意与人交往。这类型性格的人在工作中容易钻牛角尖，太过循规蹈矩，时常引起同事的不满。

言谈举止：文雅，眼神迷离，飘缈不定，彰显艺术家的气质。

（4）知识型性格。

个性特点：知识渊博，在书的海洋里遨游，机智，聪明。

优点：他们非常有智慧，喜欢探索未知的世界。有很强的分析能力，理性大于感性，喜欢洞察外部的世界。常年的知识积累使得他们有优秀的思维逻辑能力。对待事物不惊不喜，非常冷静。

缺点：不喜欢和别人交流，尤其不喜欢交际应酬。宁愿待在书房看书，也不愿意接触外界。在他们看来，书就是他们的朋友。

言谈举止：书呆子气，神情严肃，不爱言笑。与别人言谈喜欢聚焦于知识点上。

（5）严谨型性格。

个性特点：追求完美，成熟稳重，做事认真。

优点：有自己独特的处事方式和态度。他们对任何事情都高度地负责，公平正直，因此处于何种职业都会是一个称职的用人者和管理者。因为其严谨认真，他们的情绪波动不大。

缺点：做事太过追逐完美的结局，有时不太灵活。这类人作为用人者，如果一件事情不满意，就会让下属一直反复做，从而引起下属的不满。

言谈举止：干净整洁，整齐端正，有洁癖。接待客人礼貌周到，言谈举止得体，端庄大方。

（6）警觉性性格。

个性特点：警觉性性格的人注重细节，重视纪律。个性保守，拘谨，不轻易表达真正的想法。

优点：天生具有发掘真相的特质，对待事情反复琢磨，思维缜密。对待自己的老板上司忠诚，不轻易背叛对方。沉稳并有很强的责任心。

缺点：太过多疑，有时爱钻牛角尖。行动力不强，而是局限于事情的分析上，有时太优柔寡断而耽误事情的进展。这一类的管理者用人时需要对对方进行很长时间的考验才能给对方任务，因此有时会错过一些优秀的人才。

言谈举止：警觉，说话小心谨慎。他们时刻保持思考的状态，对外界事务处于戒备状态。

（7）支配型性格。

个性特点：自信，宏伟的目标，竞争力强，足够权威。

优点：敢于拼搏、奋斗。行动力强，做事果断，性格开朗，自信。面对失败，不沮丧、退缩。坚持公平、正义。

缺点：面对外在的压力，为了完成某一任务有时敷衍了事，也不顾对方的情感。对自己太过苛刻，可能会成为工作狂。性格偶尔暴躁。

言谈举止：声音有压迫感并带有命令性，不拘小节，霸气十足。这类人在工作中能够担当大任，不辜负大家的众望。

（8）活跃型性格。

个性特点：待人热情，开朗活泼，多才多艺，口才极佳，乐天派。

优点：此种性格的人外在给人一种很兴奋的感觉，工作效率极高。人际关系很好。聪明，兴趣广泛，好奇心强并愿意探索未知的事物。

缺点：做事情没有耐心，思维逻辑跳跃跨度较大，做事情有时忽略细节，有始无终。

言谈举止：活泼，眼神灵活，反应敏捷，谈话氛围有趣。这类人一般从事能够得到大家关注的工作，并在其工作位置发挥他最大的优势。

（9）平淡型性格。

个性特点：沉着冷静、客观公正。

优点：人际关系好，待人随和，有很强的亲和力。能够快速地适应环境，讲究平等，淡泊名利。健康对他们来说最重要。他们不喜欢争权夺利的生活，因此对他们而言，一份稳定的工作很重要。他们不喜欢在官场或者其他名利场合工作，平平淡淡的生活最重要。

缺点：有时太过随便，不懂得拒绝人。因此，他们时常过于奔波于别人对他的请求，而没有自己的底线。

言谈举止：朴实无华，稍微有点懒散。笑容满面，眼光平淡，不惊不喜。喜怒不形于言表。

不同性格的人从事不同的职业，并在自己的职业凸显自己的闪光点。

××公司创业初期，在招聘人才方面从不同的出发点，招聘了不同的人才。A擅于交际、活泼开朗；B胸怀大志，目标远大；C沉着冷静，成熟稳重；D知识渊博，自信；E有着不同于他人的艺术天赋和潜质；F做事果断，行动力强等等。

领导在面对如何安排他们职位的问题上，做出了明智的安排。他发现A为活跃性性格，安排为公司的形象公关；B是目标型性格，公司正是需要这种有信心有目标的人，安排为公司部门经理；C介于平淡性性格和警觉性性格之间，安排他为总经理秘书；D为知识性格，安排他为公司的策划；E为文艺型性格，安排他为艺术设计部门任职；F为支配型性格，安排他为公司用人部门经理。在领导的细心安排下，公司得以迅速发展并不断壮大。

任何用人单位都基于公司的需要和个人能力、性格做出相应的安排，只有这样，才能充分发挥员工的能力，也使得公司又好又快地发展。

3. 性格类型与管理

性格不同，九种类型的管理者在管理下属、用人、公司决策等方面也不尽相同。

（1）适应型性格。

适应型性格的管理者不管在哪一部门都能快速地适应新的工作环境。对于员工，他希望自己的属下能够迅速融入公司当前的发展状况，在面对任何突发状况时，能够沉着冷静，积极面对。

他们做事决策不凸显个性，往往站在比较中立的位置。在公司遇到危机时，他们能够具体问题具体分析，理智地做出相应的决策。如若遇到利益冲突，也能巧妙地化解。他们做事为下属留下足够发挥自己的空间，各种决策尽量使员工满意。此类性格的管理者，能做好自己的本职工作。他们比较适合公关、客户服务等管理职位。

（2）目标型性格。

目标型性格的管理者要求自己和员工有明确的目标。他们要求员工有目标明确的同时，提高自己的办事效率，坚持不懈，努力奋斗，为公司的发展贡献自己的力量。员工的热情对管理者来说很重要，因此他时常要求下属保持工作的热情。

此种性格的管理者经常采取一些激励性的措施，诸如提高工资、优秀员工提供年终奖等。在公司决策方面，他们能够高瞻远瞩，统筹公司规划全局发展。但是，他们对员工要求太高使得员工有反感情绪。另外，由于太注重结果和效率，因此忽略了一些细节性的工作。此类人适合市场营销、品牌管理等职位。

（3）文艺型性格。

对文艺型性格的管理者来说，创意极其重要。他们要求员工充分发挥自己的想象力和创造力。对他们来说，追求卓越的品质是一个公司的特色。在公司中他们对员工善解人意，要求属下讲究实效性的工作质量和效率。希望自己的员工不拘泥于现有的条件，能够有自己的特色。

另外，他们也擅于发现员工的闪光点。在公司决策方面，他们有时不考虑现有的情况，个人感觉占了相当大的比重，因此难免存在决策偏差或失误的现象。这类人适合从事市场营销、艺术设计、策划等管理职位。

（4）知识型性格。

知识型性格的管理者严格缜密，存在着太过循规蹈矩的倾向。他们喜欢逻辑推断能力强、聪明并遵从规矩的员工。日常工作中，用人者往往对"逻辑能力强"的人予以重任。他们要求自己的员工能够严格按照理论上的步骤来执行决策，不喜欢任何反对他的人。他们主张"先谋而后动"，结合自己学过的相应的管理知识来管理人才，管理公司。

因此，他们做出一项决策经常要花费很长的时间，使得决策时常与当下脱轨。公司在面临危机情况时，不能迅速地做出相应的对策，很难帮助公司顺利渡过危机。这类性格的人适合从事工程设计、制度建设等管理职位。

（5）严谨型性格。

严谨型性格的管理者追求卓越，严格完美是他永恒的管理理念。他们喜欢兢兢业业、一丝不苟的员工。在任何职位，其都对自己所管理的部门高度地负责。对他们而言，没有最好，只有更好。他们以较高的标准和规则来要求自己和下属。对于一项任务，他们总是反复让员工去做，直到自己满意为止。

一些情况下，太过苛刻的要求使得员工畏惧自己的领导。员工在完成任务时总是小心翼翼，其本身的才华存在被掩盖的情况。在面对突发情况时，他们不能快速地做出合适的对策，太过谨慎，有时错过了化解危机的最佳时期。这类人适合从事质量监控、物流管理等管理职位。

（6）警觉型性格。

警觉型性格的管理者追求高度精确的价值理念，他们相信"凡事预则立不预则废"。他们喜欢严格、脚踏实地的员工。在任何职位，都保持高度的紧张状态。对于员工而言，警觉型性格的领导者让他们经常有压力感，害怕因自己的疏忽而遭到老板的指责。对于老板的任务，员工总是认认真真地完成，丝毫不敢有半点马虎。他们欣赏员工对危机的预测，并予以相应的鼓励。

在公司的决策层面上，警觉型性格的用人者喜欢聚焦于可能的危机或对未来的预测上，因为在他们看来危机是不可避免的。虽然他们做任何一件事情都有第二计划，但是由于做出决策时速度太慢，与当下的公司状况有些脱节。此类性格的人适合从事技术、采购等管理职位。

（7）支配型性格。

支配型性格的管理者具有高度的领袖和领导能力。他们喜欢有成就，可以很好控制的属下。不管从事何种工作，支配型性格的人都因高度的支配能力而脱颖而出。对于下属而言，积极工作，认真完成上司的任务和目标是最重要的。

因此，支配型性格的下属受到领导的影响，也能够相互竞争，你追我赶，以便得到老板的青睐。而此种类型的用人者也能及时看到员工的努力，并用崭新的未来鼓励他们，或是诱人的薪资，或是升职。他们容忍不了在公众场合员工与其唱反调。他们喜欢掌控全局，发号施令，因此在某些层面存在着独断专行的倾向。在公司创业初期或者内部改革时，给予这类人以重任是明智的抉择。最佳的管理职位是竞争领域强的总监、分区管理等等。

（8）活跃型性格。

活跃型性格的管理者具有优秀的表达能力，因其天生的善良受到员工的欢迎。他们足够乐观，并有真诚的同情心和感染他人的能力。无论在平时的生活还是工作中，他们都时常保持着热情，言语幽默，颇受大众的喜欢。无论他们在哪里任职，你都可以听到员工对上司的高度评价。

作为活跃型性格管理的下属，一方面完成公司的任务外，另外要对其礼貌得体，把成功归于领导，这就导致在一定程度上埋没了他人。在公司的决策上，他们可以广泛听取他人的建议和意见做出最后的判断。但活跃型性格的管理者，有时不太注重细节，办事容易半途而终。这类人在创建产业链、开发市场时，凭借其优秀的表达能力和热情，可以取得不错的业绩。最佳的管理职位是销售、市场策划等。

（9）平淡型性格。

平淡型性格的管理者亲和力强，管理宽松但有自己的底线。他们欣赏多才多艺、凸显自己个性的员工。在管理层面，他们希望每个员工都可以充分发挥自己的优势和长处，为公司的发展做出自己的贡献。他们欣赏努力奋斗的下属，并在一定程度基于公司的发展前景予以激励。

作为平淡型性格管理严重影响的下属，他们可以无拘无束地充分发挥自己的优势，为公司的发展建言献策。而此类性格的用人者，只要员工不违反大的原则，一些小事可以不斤斤计较。在公司的决策层面，他们能够冷静理智地去分析，做出最适合的决策，但是有时不能较为快速地做出相应的对策。平淡型性格的人比较适合战略规划、人才培养等管理职位。

金无足赤，人无完人，不同性格的管理者在管理方面有自己的优势和劣势。在管理方面，不同性格的用人者精诚合作才能谋得公司顺利发展。

4. 性格测试

一个优秀的管理者在公司运营、用人等方面都做到了面面俱到，其处事风格可以彰显管理者性格的一面。有些管理者待人随和，有些追求完美，有些待人热情，如何做一个好的管理者对公司发展起着至关重要的作用。

你属于以上提到的哪种性格？你的性格中有哪些优势和劣势？你适合从事哪些工作？面对这些问题，我们可以通过下列的测试来解决疑惑。必须强调的是，性格没有好坏之分，我们做这些测试的目的是找到最真实的自己，发现自己的闪光点，弥补自己的缺陷，找到最适合自己的职业。

先尝试回答下面的问题：A选项非常同意，请打5分；B选项比较同意，打4分；C选项差不多，打3分；D选项有点同意，打2分；E选项不同意，打1分。提醒一点：回答问题时不要考虑任何外界因素，主要是测试真正的自己是什么样子的。

1.你是一个能快速适应新工作、融入新环境的人吗？
A.非常同意　B.比较同意　C.差不多　D.有点同意　E.不同意

2.你是一个目标明确的人吗？
A.非常同意　B.比较同意　C.差不多　D.有点同意　E.不同意

3.你是一个很爱艺术、很爱设计的人吗？
A.非常同意　B.比较同意　C.差不多　D.有点同意　E.不同意

4.你是一个知识渊博的人吗?

　　A.非常同意　B.比较同意　C.差不多　D.有点同意　E.不同意

5.你是一个追求完美的人吗?

　　A.非常同意　B.比较同意　C.差不多　D.有点同意　E.不同意

6.你对陌生的事物都保持高度的警惕吗?

　　A.非常同意　B.比较同意　C.差不多　D.有点同意　E.不同意

7.你是一个能力很强的人吗?

　　A.非常同意　B.比较同意　C.差不多　D.有点同意　E.不同意

8.你是一个待人很热情的人吗?

　　A.非常同意　B.比较同意　C.差不多　D.有点同意　E.不同意

9.你是一个很淡定很坦然的人吗?

　　A.非常同意　B.比较同意　C.差不多　D.有点同意　E.不同意

10.公司想要派你去与对方谈判,而对方公司的要求很不妥当,你同意公司的安排吗?

　　A.非常同意　B.比较同意　C.差不多　D.有点同意　E.不同意

11.面对上司布置的任务,你是一个不顾压力,加班加点工作的人吗?

　　A.非常同意　B.比较同意　C.差不多　D.有点同意　E.不同意

12.公司要设计凸显公司特色的海报,你能发挥自己的创意,设计出独一无二的海报吗?

　　A.非常同意　B.比较同意　C.差不多　D.有点同意　E.不同意

13.你会是一个严格按照公司的规章制度来行事的人吗?

　　A.非常同意　B.比较同意　C.差不多　D.有点同意　E.不同意

14.如果你是公司的领导者,你是一个要求自己的属下每项任务都完成得尽善尽美的人吗?

　　A.非常同意　B.比较同意　C.差不多　D.有点同意　E.不同意

15.你是一个喜欢预测风险并有备份计划的人吗?

　　A.非常同意　B.比较同意　C.差不多　D.有点同意　E.不同意

16. 作为上司，你是一个要求员工相互竞争的人吗？

A.非常同意　B.比较同意　C.差不多　D.有点同意　E.不同意

17. 作为老板，你是一个会对所有的员工都热情的人吗？

A.非常同意　B.比较同意　C.差不多　D.有点同意　E.不同意

18. 你是一个鼓励自己的员工充分发挥自己的优势和长处的管理者吗？

A.非常同意　B. 比较同意　C.差不多　D.有点同意　E.不同意

19. 公司面临危机状况，您是一个能及时做出相应对策的领导吗？

A.非常同意　B. 比较同意　C.差不多　D.有点同意　E.不同意

20. 你是一个要求员工注重效率而不注重细节的领导者吗？

A.非常同意　B. 比较同意　C.差不多　D.有点同意　E.不同意

21. 你在做出任何一项决定时，感情因素都占了很大的比重吗？

A.非常同意　B. 比较同意　C.差不多　D.有点同意　E.不同意

22. 你是一个喜欢逻辑推断能力强并遵从规则员工的领导吗？

A.非常同意　B. 比较同意　C.差不多　D.有点同意　E.不同意

23. 你对自己所管理的部门或从事的职业都有高度的责任心吗？

A.非常同意　B. 比较同意　C.差不多　D.有点同意　E.不同意

24. 作为上司，你总是要求员工认认真真地完成你下达的任务吗？

A.非常同意　B. 比较同意　C.差不多　D.有点同意　E.不同意

25. 作为老板，你喜欢用升职加薪来鼓励自己的员工努力工作吗？

A.非常同意　B. 比较同意　C.差不多　D.有点同意　E.不同意

26. 你是一个不喜欢自己的下属抢了自己风头的上司吗？

A.非常同意　B. 比较同意　C.差不多　D.有点同意　E.不同意

27. 你是一个喜欢听取下属建议和意见的人吗？

A.非常同意　B. 比较同意　C.差不多　D.有点同意　E.不同意

28. 你是一个做任何事情都喜欢站在比较中立位置的人吗？

A.非常同意　B. 比较同意　C.差不多　D.有点同意　E.不同意

29.你是一个做事不会半途而废的人吗？

A.非常同意　B.比较同意　C.差不多　D.有点同意　E.不同意

30.你是一个穿衣搭配都很讲究品位的人吗？

A.非常同意　B.比较同意　C.差不多　D.有点同意　E.不同意

31.在你看来，工作的时候也要一直"充电"，学习相应的理论吗？

A.非常同意　B.比较同意　C.差不多　D.有点同意　E.不同意

32.你是一个很谨慎并小心翼翼的人吗？

A.非常同意　B.比较同意　C.差不多　D.有点同意　E.不同意

33.你是一个会怀疑自己员工的领导吗？

A.非常同意　B.比较同意　C.差不多　D.有点同意　E.不同意

34.你是一个喜欢掌控全局，领导属下奋斗的人吗？

A.非常同意　B.比较同意　C.差不多　D.有点同意　E.不同意

35.你是一个经常感染他人的吗？

A.非常同意　B.比较同意　C.差不多　D.有点同意　E.不同意

36.你是一个不喜欢争权夺利的人吗？

A.非常同意　B.比较同意　C.差不多　D.有点同意　E.不同意

把第1、10、19、28题的得分相加，即为你"适应型性格"的分数。

把第2、11、20、29题的得分相加，即为你"目标型性格"的分数。

把第3、12、21、30题的得分相加，即为你"文艺型性格"的分数。

把第4、13、22、31题的得分相加，即为你"知识型性格"的分数。

把第5、14、23、32题的得分相加，即为你"严谨型性格"的分数。

把第6、15、24、33题的得分相加，即为你"警觉型性格"的分数。

把第7、16、25、34题的得分相加，即为你"支配型性格"的分数。

把第8、17、26、35题的得分相加，即为你"活跃型性格"的分数。

把第9、18、27、36题的得分相加，即为你"平淡型性格"的分数。

如果你有某一项分远远高于其他几项，你就是典型的这种性格；如果你有两项高于其他几项，你就是这两种性格的综合，依次类推；如果你各项分都比较接近，那么你是一个面面俱到的人，在工作和生活中都有突出的成就；如果你有某一项分数远远低于其他几项，那么在工作中你需要注意并更加努力了。

  一个优秀的管理者在工作中纵览全局，临危不乱，充分发挥自己性格中的优势，扬长避短，与他人合作，为公司的事业谋发展。不管你是何种职位的管理者，千万不要让性格束缚了你，一定要勤勤恳恳，努力奋斗，不断努力创造一片属于自己的蓝天。

第六章
气质测试

> 江山易改，本性难移。气质作为一个人经常表现出来的稳定的心理特征，影响人的各个方面。就管理者而言，气质不仅影响着管理者在员工心目中的形象，也会影响着管理者如何用人、如何处理危机、经营公司等方面。

1. 气质类型

所谓气质，即我们通常所说的脾气、秉性。气质从我们每个人呱呱坠地、咿呀学语到蹒跚学步都有一定的表现。在一定程度上，气质受到人先天的生理素质的影响。我们发现，婴儿阶段有的宝宝非常安静，有的宝宝爱哭好动。伴随着我们的成长，气质也在不断影响着我们生活的方方面面。有的小孩子意志力坚强，有的小孩子意志力薄弱；有的小孩子活泼开朗，有的小孩子沉默寡言；有的小孩子沉稳安静，有的小孩子好动。在先天心理素质的基础上，气质受到家庭、社会环境等多方面的影响。相对于性格、能力而言，气质具有相对稳定的特征。

通常而言，气质包括了语言表达能力、意识感知、思维反应速度、情绪、注意力等各方面。这些方面呈现了不同的表现，因此就有了不同的气质。气质是每个人与生俱来的，没有好坏之分。它只是给我们的言谈举止打上了某种标签，我们不能用它来决定一个人的价值。一个人的气质只能影响他的性格、行为等方面。任何一种气质的人在自己的努力下都可以成为成功的人。在我们工作中，气质是一个人与同事相处、言谈举止所表现出来的人格魅力的一种提升。我们发现有的人温文尔雅，有的人高冷，有的人豪放大气，有的人不拘小节。在一定程度上，气质是亲朋好友或同事对我们每个人相对中肯的一种评价。

早在古希腊，著名的医生希波克拉底就提出了气质的概念。他基于四种体液的理论，把体液分为四类，即：血液、黄胆汁、黏液和黑胆汁。

在希波克拉底看来，由这四种体液按照相应的比例混合而成形成了人的不同气质。这四种液体在我们每个单个的人体的比例是不同的，他根据四种体液在人体中的比例，将人的气质分为四大类：体液中血液占优势称多血质，黄胆汁占优势称胆汁质，黏液占优势称黏液质，黑胆汁占优势则称抑郁质。后来，巴甫洛夫将人神经系统的基本特点和四种高级神经活动类型与希波克拉底的四种气质类型一一对应，找到了四种气质类型的特征。多血质类型的气质神经系统的基本特点是强而均衡且灵活，高级神经活动类型为活泼型；胆汁质类型的气质神经系统的基本特点是强而不均衡，高级神经活动类型为兴奋性；黏液质的气质神经系统的基本特点是强而均衡但不灵活，高级神经活动类型为安静型；抑郁质神经系统的基本特点是弱，高级神经活动类型为抑制性。除此之外，还有其他的中间类型。巴甫洛夫的气质类型学说奠定了我们现在气质类型的基础。现在我们所说的气质类型主要有以下四种：

（1）多血质，又称活泼型。这种类型的气质情绪兴奋性高，适应型强，稳定性弱，倾向于外向型性格。此种气质的人擅于言谈，语言表达能力强，喜欢与他人交往。他们遇事反应敏捷，大脑反应迅速，能够迅速察觉存在的变化以及对方的需要。但这种类型的人注意力不太集中，对事物的热爱很容易发生变化。

（2）胆汁质，又称兴奋型或暴躁型。这种类型的气质情绪兴奋性高，适应性强，稳定性弱，倾向于外向型性格。此种气质的人坦率，待人热情，精力旺盛。他们敢作敢为，不拘小节。但这种类型的人情绪容易冲动，心情波动较大。

（3）黏液质，又称安静型。这种类型的气质类型情绪兴奋性低，适应型弱，稳定性强，倾向于内向型性格。此种气质的人安静稳重，不喜欢言谈，思维迟缓，反应缓慢。此种类型的人轻易不向别人袒露自己的心声，情绪相对稳定，注意力集中又难于转移。

（4）抑郁质，又称抑制型。这种类型的气质类型情绪兴奋性体验深刻，适应性弱，稳定性强，倾向于内向型性格。此种气质的人善于观察细节，性格孤僻，不喜欢交际，做事迟缓。

当然，我们每个人单纯地属于某种气质的类型很少，大多数都是介于各类型之间的中间类型，如：胆汁-多血质等。

我们通常所说的气质都是相对而言的，一些情况下气质也受到多种因素的影响。任何一个人，无论属于哪种气质类型，遇到开心的事情总会精神振奋，情绪激动；遇到沮丧的事情总会情绪低落。但是，人的气质不同，在面对活动中表现出来的特征是不同的。

甲乙丙丁四人要参加一次全国性的学科竞赛，老师和家长都给予了他们厚望，同学们也希望他们能取得不错的成绩。面对这样重要的竞赛，甲乙丙丁都表现了不同程度的紧张，但是他们缓解紧张以及面对的方式是不同的。

甲通过与老师、同学们交流，看场励志电影来转移注意力，他相信这场竞赛会带给自己不同的收获，就算没有获奖也没有关系；乙在老师和亲朋好友的鼓励下，斗志昂扬，相信自己一定可以取得成功；丙感觉到自己压力大，也没有采取方法解压，而是再复习复习准备应考；丁害怕自己辜负了老师的期望，还没有考试就表现出了极度的紧张，担心自己成绩不理想。

面对比赛，甲乙丙丁虽然都紧张，但他们的表现特征是不同的。从上面的表现，我们可以推断出甲性格开朗，擅于言谈，在紧张状态会转移自己的注意力，是多血质的气质类型；乙兴奋度高，适应性强，充满斗志，是胆汁质的气质类型；丙不善言谈，比较安静，注意力集中，是黏液质的气质类型；丁适应性弱，注意力集中，是抑郁质的气质类型。

每个人都有不同的气质类型，气质不能决定我们的成就。它是一个相对稳定的外在表现形式。就管理者而言，气质在影响管理者在公司的形象同时，更重要的是影响了管理者如何对待员工、处理危机、运营公司等各方面。一个优秀的用人者，必须兼备这些最基本的素质和能力。

2. 气质特征

不同的气质类型呈现不同的特征。不同气质的人，应该充分发挥自己气质的长处，弥补自己气质类型的缺陷。

（1）多血质，也就是活泼型。这类气质的人，我们用一个"活"字来概括最好不过。这类气质人最显著的特征是活泼好动。

特点：此种气质的人多为外向型性格。他们头脑敏捷，对外界事物反应迅速。他们很容易适应外界环境的变化，容易融入新工作和新环境。对多血质的人而言，交际应酬是生活的必需品。

因此，多血质的人生活交际圈广泛。他们讨厌拘束的生活，对他们而言，骑车、爬山、旅行等活动在他们的生活规划中是一定要有的。多血质的人语言表达能力强，擅于与人沟通。他们工作能力强，喜欢团队合作，并充分利用自己的聪明才智为大家服务。无论从事何种职业，他们都可以取得不错的成就。但是这类型的人时常注意力不集中，做事不能有始有终。他们喜欢的事情总是三分钟热度，而且情绪不稳，容易波动。

优势：多血质的人要利用自己极佳的口才，处事灵活、待人热情等优势在为自己打拼的同时，也为所在的团体创造更大的收益。他们无论从事何种职业都会脱颖而出，并得到用人者的青睐，同事的欢迎。

劣势：多血质的人要注意克服做事不专一，浮躁等气质中的劣势，培养善始善终、坚持到底的恒心。只有这样，才可以做到更好。

具体做法：培养注意力，保持专一，克服分心，排除外界的干扰；养成自我检查的习惯，尤其是工作的结尾之处；培养自己的耐心和意志力。

建议：坚持长跑，培养自己的意志力；下围棋，培养自己的耐心；每天养成检讨自己的习惯，回顾自己哪些做好了，哪些没做好，接下来要继续努力的方向等。

（2）胆汁质，即兴奋性。这类气质的人，用一个字来形容即"急"。这类气质人最显著的特征是热情而性急。

特点：此种气质的人多为外向型性格。胆汁质的人时常给人一种特别热情的感觉。他们坦率，言行举止不拘小节。此种气质的人与多血质气质的人一样，思维反应敏捷。他们活泼开朗，擅于交际。当有一项新任务时，胆汁质的人总是最先冲在前面，想要表现自己并觉得一定能够取得成功。同事也会受到他们的感染，并努力工作。

在面对突发情况，胆汁质的人能快速做出决策，并且果断地执行。他们做事不喜欢拖拖拉拉，拖泥带水。但是胆汁质的人性格太过急躁，做事有时不考虑后果，太过鲁莽。他们的脾气容易受到外在因素的干扰。有时，外在的传言会打乱他们的判断力。做事不能专一经常导致半途而废。缺乏耐心，自控型差，办事马马虎虎。

优势：胆汁质的人要发挥自己敢于拼搏、坚毅果敢、坦直率真的优势完成自己的目标和任务，积极参加一些高难度、有挑战的任务和工作。

劣势：胆汁质的人要注意纠正急躁、情绪易变、鲁莽、马虎等劣势，培养办事认真仔细、遇事沉着冷静、完成任务坚持到底等品质。

具体做法：遇事不骄不躁，再三思考并结合众人意见做出决定；当与对方发生冲突时，换个角度思考问题，改变单纯的思维定式；培养自我控制能力，特别是注意自己心情的变化。

建议：多参加一些可以舒缓心情，调节心境，使人心情平和的活动，例如养花，瑜伽，品茶等室内活动。

（3）黏液质，即安静型。这类气质的人用一个字来形容即"静"。这类人最显著的特征是安静而稳重。

特点：此种气质的人多为内向型性格。相比多血质和胆汁质而言，这类人安静沉稳。他们不喜欢过多地参加交际活动，在他们看来身边有几个知心的好友就可以了。他们的情绪相对平稳，总能给人一种特别安静的感觉。办事不骄不躁，成熟而稳重。黏液质的人不轻易向外人流露自己的情绪。

此外，他们有很强的自制力，有足够的耐心去完成一件事情。他们做事专一，脚踏实地，勤勤恳恳，一旦认定一项任务便默默无闻地工作。并且，他们能够坚持到底，努力奋斗。但是，黏液质的人反应缓慢，大脑不够灵活，有时太过死板，循规蹈矩，不擅于创新。面对新环境和新工作，他们也不能像多血质的人一样快速适应，对陌生的事物存在着一定的抵触情绪。

优势：黏液质的人要利用自己沉着冷静、有耐心、自制力强、扎实的优势为团队的发展贡献自己的力量。金子在哪里都会发光。

劣势：黏液质的人要克服自己反应缓慢、冷淡等劣势，培养自己待人热情、活泼的品质。只有这样，在你努力工作的同时，也会得到与众不同的收获。

具体做法：拓展自己的人脉圈，多结交一些多血质和胆汁质的朋友，打开自己的心境；提高自己的思维反应速度，培养自己面对突发情况的应变能力；加快自己适应陌生环境的周期，切忌对新生事物的抗拒。

建议：多参加一些户外活动，结交不同的朋友；培养自己不同的兴趣爱好；参加一些问题抢答活动和创造力的活动等等。

（4）抑郁质，即抑制型。此类型的人用一个字来形容即"慢"。这类型的人最典型的特征是沉默寡言。

特点：抑郁质的人做事认真，细心谨慎。他们情感细腻，体验深刻。这种类型的人常常会因为一些微不足道的事情而动感情，感性大于理性。他们对待周围的人细致入微。抑郁质的人更不喜欢交际，他们喜欢独处，性格孤僻，有时不太合群。

抑郁质气质的人做事拖沓，事情还没有开始就表现出了极为担心和忧愁的一面。不论是思维还是言谈举止，抑郁质的人都展现出了极为缓慢的一面。想事情有时爱钻牛角尖，并有忧郁的倾向。面对困难，经常优柔寡断，并表现出了恐惧的一面。他们不能适应新环境，在一定程度上怀疑新事物。

优势：抑郁质的人要发挥自己情感细腻、做事认真等优势，从事一些准确度高、要求细致的工作。

劣势：抑郁质的人要克服自己性格孤僻、缺乏自信、优柔寡断、多疑等劣势，培养自己果敢坚毅、自信等品格。

具体做法：多结交一些多血质和胆汁质的朋友，参加集体活动；多去陌生的环境锻炼自己，磨炼自己的意志；充分发挥自己的优势，创造成功的机会，增强自己的自信心。

建议：多参加一些聚会，与人谈心；参加一些难度大、挑战性高的任务和工作，培养自己勇于面对困难的勇气等等。

当然，以上所述的四种气质类型是基于纯粹的理论上的，然而在现实生活中，我们大多数都是类似于某种气质类型，并非是单纯的这种气质类型。

一个优秀的用人者，要注意自己气质中的优势，弥补自己气质中的劣势。每个管理者首先要清楚自己要成为一个什么样的管理者，再基于自己气质做出努力的方向。一个优秀的管理者必须要兼备各种基本的气质。他不仅要有领导者的魄力和魅力，领导员工努力奋斗，在注重公司大局发展的同时，要注意自己用人的理念，例如，如何用人，如何协调领导与员工之间的人际关系等。无论何种气质类型的管理者，都必须要注意这一点。

3. 气质类型与管理

气质是每个人相对稳定的心理特征的一部分，它影响了人们的心理活动和行为方式。因此，在这个丰富多彩的世界每个人都有鲜明的个性特点。气质在管理活动中的影响也是重大的。作为管理者，重视气质在管理中的影响极为重要。不同类型气质的管理者在员工的选拔、处理与员工的人际关系、运营决策等方面也不相同。用人者如何根据自己的需要挑选员工、如何处理与员工的关系，如何运营决策是一门重要的学问，也对公司的前景发展起着至关重要的作用。

（一）不同气质类型的管理者

（1）多血质。多血质气质类型的管理者待人热情，不论是与员工还是与其他的管理者都能建立良好的人际关系。他们能利用自己气质中的优势，为公司的发展建言献策。在处理危机方面，多血质方面能利用自己的人脉，在团队合作中发挥自己的聪明才智帮助公司渡过危机。但是多血质类型的管理者做事不专一，不能坚持到底。做出的决策有时不考虑细节。他们适合从事人力资源管理、客服等管理职位等。

（2）胆汁质。胆汁质类型的管理者为人坦率真直，做事迅速，目标明确，在公司创业之初是一个很好的管理者，能够带领公司走出一条阳关大道。另外，本身气质中的"急"使得管理者要求员工高效率的工作。在处理危机方面，他们能够果断决策并付诸行动。但是胆汁质类型的管理者情绪易变，使得员工对其敬畏。遇事无法沉着冷静，高效率工作的同时忽略了细节性的工作。他们适合从事市场营销、策划等管理职位。

（3）黏液质。黏液质类型的管理者成熟稳重，办事认真仔细，在任何职位他们都能勤勤恳恳地工作，默默无闻地贡献自己的力量。员工对这类型的管理者可敬可畏，在员工看来，他们很高冷。这类型的管理者对公司高度地负责，要求自己的员工严格按照公司的规章制度办事，对细节性的工作要求很高。而太过循规蹈矩使得公司遇到突发情况时，他们无法快速地做出相应的对策。他们适合从事制度建设、财务等管理职位。

（4）抑郁质。抑郁质类型的管理者做事认真仔细、缓慢。他们要求自己的员工认真地工作，严把工作的质量和细节。他们感情细腻，员工的一个个小小的举动都能为之动容。这类型的管理者反应缓慢，不能迅速地做出相应的决策，以至于在公司危机情况时，他们采取了逃避的方式。他们不善于交际、不愿意打破常规的态度在一定程度上影响了公司很好的发展。他们适合从事位质量监控、采购等管理职位。

（二）气质类型与员工

（1）选拔员工。

气质直接影响着人的工作方式、效率等方面。管理者在进行选拔员工、安排任务时要充分考虑人的气质特点。每个人适应工作的程度、兴趣、意志力等方面不尽相同，用人者要充分考虑这一点。

作为用人者，要充分考虑员工的气质差异，使员工充分发挥他们潜在的优势。多血质的人生性活泼，适合从事新闻工作、外事工作、服务人员、人力资源管理等职业；胆汁质的人适合从事导游、节目主持人、市场营销等职业；黏液质的人适合从事办公室文员、会计等职业；抑郁质的人适合从事质量监控、研究等职业。管理者在选拔员工、安排职位时要充分考虑他们的气质特点。

公司的质检员、出纳等职位需要有耐心、意志力强、注意力稳定的黏液质或抑郁质的人来从事，而胆汁质、多血质由于没有耐心、做事不专一就不适合这样的工作。而用人者把难度相对较大、挑战较高的工作安排给多血质和胆汁质类型的人，就能挖掘他们对工作的热情，充分发挥他们气质中的优势,增强工作效率和热情。因此,用人者要充分考虑他们气质的特点、优势及劣势,知人善任,方能成就一个优秀的员工。

(2)能力引导。

管理者在对员工进行能力引导时,也要考虑员工的气质差异。

面对多血质类型的员工,管理者要着重培养他们踏实专一、勇于克服困难的精神,尽量减少他们做事半途而废的现象,以及克服他们注意力不集中的品质。用人者要给予他们多表现的机会,充分挖掘他们的潜力。对待他们工作中的一些错误,要严厉地批评。

面对胆汁质类型的员工,管理者要注重培养他们自控能力和坚忍不拔的精神。用人者培养他们注意力集中和注重细节的品质是很重要的。对于胆汁质的一些缺点和错误,要进行有说服力的批评,待双方都冷静下来,使其充分认识到自己的错误,并加以改正。

面对黏液质的员工,管理者要着重培养他们热情开朗活泼的精神。用人者考虑到他们认真的工作态度并予以鼓励。对于他们工作中反应不够灵活的现象,用人者要对他们有耐心、循序渐进地进行教育。

面对抑郁质的员工,管理者要着重培养他们团结合作、开朗自信的品质。用人者要鼓励他们多参加集体活动,多向别人敞开心扉。对于他们工作迟缓等现象,用人者要对他们进行耐心的疏导,切勿在公开场合批评他们。

管理者在给员工安排职位和工作时应注重不同气质类型的组合。一个部门应有不同气质的人组合。侧重于多血质气质类型的人善于交际,表达能力强,热情,但他们缺乏意志力、半途而废,这在一定程度上影响了任务的完成。侧重于胆汁质气质类型的人气敢于挑战高难度的任务,但性格急躁、争强好胜不利于团队的和谐。侧重于黏液质气质类型的人办事认真、扎实,但不够灵活不利于团队的创新。侧重于抑郁质气质类型的人,做事仔细,情感细腻,但是做事缓慢,影响任务的进展。因此,用人者在安排任务上,要注重不同类型气质人之间的互补,相互影响,团结合作才能取得意外的收获。

（3）协调人际关系。

不同类型的员工在处理人与人相处的方式、处理人际关系等方面也不相同。而不同气质的员工直接影响了公司的和谐与发展。作为管理者，一方面要利用多血质、胆汁质气质型员工的优势，鼓励他们帮助黏液质、抑制质的员工多交朋友，建立良好的人际关系。这样在形成温馨的工作氛围时，也可以促进员工之间的团结。另一方面，管理者要鼓励员工认识到自己气质中的优势和劣势，并针对他们性格的特点促进他们循序渐进地发生改变。不管是何种气质类型的管理者，都要充分注意到管理者与员工、员工与员工之间的人际关系。在有了相对良好的工作氛围后，才可以使得不同类型的员工精诚合作，建立优于其他竞争者的人际关系。所谓得人心者得天下，指的就是这个道理。

最后，必须指出的是，气质没有好坏之分。任何管理者都不能基于员工的气质类型来判断他们的成功与失败。但是，值得肯定的是，一个优秀的管理者，在选拔员工、处理人际关系方面充分考虑了自己和员工的气质，挖掘他们本身存在的优势，扬长避短。这样，在他们的努力奋斗下才能到达成功的彼岸。

4. 气质测试

　　一个优秀的管理者善于发现员工的闪光点，在运营规划、选拔员工、处理人际关系等方面也有不错的业绩。有些管理者活泼开朗，有些管理者成熟稳重，有些管理者目标明确，如何做一个出色的用人者对企业至关重要。

　　你属于四种气质类型中的哪一种气质？你的气质中存在哪些闪光点和不足？适合你的工作职位有哪些？对于这些问题，我们可以通过以下测试来解决。先试着回答下面的问题：

　　A选项完全符合，请打5分；B选型比较符合，打4分；C选项一般符合，打3分；D选项比较不符合，打2分；E选项完全不符合，打1分。提醒一点：回答问题时要根据自己的主观意识来回答问题，测试自己真正的气质是什么类型的。

　　1.你是一个很能适应新工作环境的人吗？
　　A.完全符合　B.比较符合　C.一般符合　D.比较不符合　E.完全不符合
　　2.老板的任务，你宁愿单独完成，也不愿意与大家一起完成吗？
　　A.完全符合　B.比较符合　C.一般符合　D.比较不符合　E.完全不符合
　　3.你是一个做事权衡利弊，不做无准备事情的人吗？
　　A.完全符合　B.比较符合　C.一般符合　D.比较不符合　E.完全不符合
　　4.你喜欢非常安静的工作氛围，厌恶上班时间玩手机、大声说话等不好的习惯吗？
　　A.完全符合　B.比较符合　C.一般符合　D.比较不符合　E.完全不符合

5.在公司中你喜欢结交不同部门的朋友吗?

A.完全符合　B.比较符合　C.一般符合　D.比较不符合　E.完全不符合

6.老板布置了一份难度较大的任务,你是第一个冲在前面吗?

A.完全符合　B.比较符合　C.一般符合　D.比较不符合　E.完全不符合

7.面对领导布置的工作,你能集中注意力并勤勤恳恳地完成吗?

A.完全符合　B.比较符合　C.一般符合　D.比较不符合　E.完全不符合

8.公司让你去接待贵宾,你觉得很为难吗?

A.完全符合　B.比较符合　C.一般符合　D.比较不符合　E.完全不符合

9.你喜欢在公众场合展现自己的才艺吗?

A.完全符合　B.比较符合　C.一般符合　D.比较不符合　E.完全不符合

10.面对任务,你希望自己可以快速地完成吗?

A.完全符合　B.比较符合　C.一般符合　D.比较不符合　E.完全不符合

11.你的理解能力比别人慢吗?

A.完全符合　B.比较符合　C.一般符合　D.比较不符合　E.完全不符合

12.你喜欢观察细节,喜欢看一些感情细腻的小说或电视吗?

A.完全符合　B.比较符合　C.一般符合　D.比较不符合　E.完全不符合

13.如果一份工作让你感觉枯燥无味,你的心情也会跟着低落吗?

A.完全符合　B.比较符合　C.一般符合　D.比较不符合　E.完全不符合

14.你是一个很容易动怒的人吗?

A.完全符合　B.比较符合　C.一般符合　D.比较不符合　E.完全不符合

15.你完成一份任务的时间总是比别人花的时间长吗?

A.完全符合　B.比较符合　C.一般符合　D.比较不符合　E.完全不符合

16.大家都认为你经常闷闷不乐吗?

A.完全符合　B.比较符合　C.一般符合　D.比较不符合　E.完全不符合

17.你对人热情,语言表达能力强吗?

A.完全符合　B.比较符合　C.一般符合　D.比较不符合　E.完全不符合

18.你做事有时不考虑后果,有些鲁莽吗?

A.完全符合　B.比较符合　C.一般符合　D.比较不符合　E.完全不符合

19.你的生活很有规律，工作和生活有条不紊吗？

A.完全符合　B.比较符合　C.一般符合　D.比较不符合　E.完全不符合

20.你遇到问题优柔寡断，瞻前顾后，担心后果吗？

A.完全符合　B.比较符合　C.一般符合　D.比较不符合　E.完全不符合

21.你不喜欢上司让你重复做一件事情吗？

A.完全符合　B.比较符合　C.一般符合　D.比较不符合　E.完全不符合

22.面对上司的指责，你常不以为然吗？

A.完全符合　B.比较符合　C.一般符合　D.比较不符合　E.完全不符合

23.你对任何一项任务都抱着认真负责的态度吗？

A.完全符合　B.比较符合　C.一般符合　D.比较不符合　E.完全不符合

24.你有什么事情宁愿藏在心里，也不愿意向亲朋好友倾诉吗？

A.完全符合　B.比较符合　C.一般符合　D.比较不符合　E.完全不符合

25.你能同时注意多件事情吗？

A.完全符合　B.比较符合　C.一般符合　D.比较不符合　E.完全不符合

26.你很羡慕那种能克制自己情绪的同伴吗？

A.完全符合　B.比较符合　C.一般符合　D.比较不符合　E.完全不符合

27.你能果断地做出决策，为公司的发展建言献策吗？

A.完全符合　B.比较符合　C.一般符合　D.比较不符合　E.完全不符合

28.你是一个高度要求细节的人吗？

A.完全符合　B.比较符合　C.一般符合　D.比较不符合　E.完全不符合

29.你喜欢团队合作并在团队中发挥自己的聪明才智吗？

A.完全符合　B.比较符合　C.一般符合　D.比较不符合　E.完全不符合

30.外界事物会干扰你的判断力吗？

A.完全符合　B.比较符合　C.一般符合　D.比较不符合　E.完全不符合

31.你认为按规矩办事好吗？

A.完全符合　B.比较符合　C.一般符合　D.比较不符合　E.完全不符合

32.面对危险的环境，你会表现出恐惧的心情吗？

A.完全符合　B.比较符合　C.一般符合　D.比较不符合　E.完全不符合

把第1、5、9、13、17、21、25、29题的得分相加,即为你"多血质气质"的分数。

把第2、6、10、14、18、22、26、30题的得分相加,即为你"胆汁质气质"的分数。

把第3、7、11、15、19、23、27、31题的得分相加,即为你"黏液质气质"的分数。

把第4、8、12、16、20、24、28、32题的得分相加,即为你"抑制质气质"的分数。

如果你的某一种气质的分数远高于其他三项,那么你就是典型的这种气质类型;如果你有两项高于其他两项,那么你就是两种气质类型的综合;如果三种气质的分数高于其他一项,那么你就是这三种气质类型的混合;如果你的某种气质类型远远偏低于其他的气质,那么你就要非常注意这一点,重新认识自己,发扬自己的优势,弥补自己的劣势,只有这样才可以更好地工作。

气质只是在一定程度上影响着我们的言谈举止和行为方式,但这并不能决定我们的成功。每一种气质类型都有它积极的一面,也有它消极的一面。其实,气质并不能决定我们的智力和能力,任何气质类型的人都能塑造自己的成功,最重要的一点就是一定要使自己的气质适应自己的职业,在相应的工作岗位塑造自己的品质。

就管理者而言,任何管理者首先,要清楚自己的气质类型,了解自己的气质类型,注意在用人、公司决策方面、处理与其他管理者的人际关系等方面的方式方法。其次,在用人管人方面,要了解员工,注意安排符合员工气质类型的职位;另外,也要协调不同气质类型员工的人际关系,创造有利于工作的环境氛围。最后,知己知彼百战不殆,任何一个优秀的管理者也要了解自己竞争者的气质类型,充分发挥自己的长处,观察了解他们的弱点,只有这样才能在激烈的市场竞争中立于不败之地。

第七章
情商测试

情商，简称EQ，是人类心理素质的核心部分，是每个人适应现代化激烈竞争和生存的必备能力。对于管理者而言，情商是管理者管理能力的重要组成部分。

1. 情商类型

情商，又称情绪智商、情绪智力，简称EQ。所谓情商，是指人在情绪、情感、意志等方面的品质。一般而言，情商并不与先天素质有很大的关联，其主要受后天实践活动的影响。情商这一词汇最早出现于1990年，由美国两位著名的心理学家约翰·梅耶和彼得·萨洛维提出。1995年，《纽约时报》记者丹尼尔·戈尔曼出版了著作《为什么情商比智商更重要》，这本书吸引了全世界的广泛讨论和思考，而丹尼尔·戈尔曼也因此被称为"情商之父"。

在《为什么情商比智商更重要》这一书中，丹尼尔·戈尔曼认为情商主要包括五个方面：第一，了解自己，正视自己，能够感知自己某种情绪的出现，如开心、激动、生气、愤怒等，真正体验自己的内心生活，这是情商的核心。只有了解自己认识自己，才能成为自己人生的主角；第二，自我管理，情绪拿捏有度，可以灵活地表现和展示自己的情绪，不成为情绪的奴隶；第三，自我鼓励，能够依据事态的发展调动自己的情绪，其可以帮助自己理性地面对失败和挫折，重新奋斗；第四，感知他人的情绪和能力，通过一些细枝末节感受他人的心理和欲望，这是与人沟通交往的前提和基础；第五，处理人际关系，调控自我情绪与他人情绪的技巧和能力。简单而言，即自我意识、管理情绪、自我激励、认知他人情绪和处理人际关系。

情商是我们更好地适应当前社会发展与环境的基础，它影响着我们的认知和实践活动。情商的高低因人而异，不同的成长阶段人的情商也不相同。伴随着我们年龄的增长和阅历的增加，我们经历了不同的生活和情感体验，情商也随之相应的提高。毫无疑问，我们长辈的情商要比我们高，同龄阶段一个成熟的人的情商要比一个不成熟的人的情商要高。

一定程度上，情商可以决定我们的成就。情商影响了人的兴趣、情感和意志力，对我们认识和实践活动的动力有很大的影响。情商高的人可以吸引他们对从事某项事业的兴趣，坚持到底和锲而不舍的精神使他们更容易成功。此外，在这个人际关系复杂的时代，情商作为处理人际关系的一种能力，影响了我们的生活、事业和婚姻。情商高的人，婚姻家庭美满，有着良好的人际关系和出色的管理能力，是一个出色的用人者；相反，情商低的人，婚姻容易出现裂痕，人际关系紧张，领导能力低下。

科学家们发现，人类的情绪是由大脑的边缘系统所控制的。当控制大脑的思维与情感部分相分离时，大脑不能正常工作。人类正常的举止行为是大脑综合运用情感部分和逻辑部分的结果。通常情况下，情商主要分为四类：

（1）高情商。高情商的人能很好地运用大脑的各个部分，对自己的情绪有清晰的认知，能够控制自己的情绪和能力。他们自信但不自满，人际关系良好，不论是朋友还是同事都能友好相处。这一类的人是个出色的管理者，可以处理好各方面问题。

（2）较高情商。较高情商的人能较好地运用大脑的思维和情感部分。他们有自尊心和独立的人格，比较自信而不自满。这类人人际关系良好，他们能应对大多数的问题，但在一些情况下容易受他人焦虑情绪的影响。

（3）较低情商。较低情商的人容易受他人影响，目标不明确。他们对自己的情绪没有很清楚的认知和把握，将自尊建立在他人的感知和认同之上。这类人缺乏坚定的自我意识，人际关系较差。

（4）低情商。低情商的人生活和事业既没有确定的目标，也不付诸实践。他们的依赖心强，处理人际关系能力差。这类人不能很好地处理自己的负面情绪，应对焦虑能力差，情绪易怒，爱抱怨。

情商的高低在一定程度上直接影响了我们的生活和事业。无论在生活还是在事业上一定要注重情商的作用。其形成于婴幼儿时期，成型于儿童和青少年阶段，并在后天的实践活动中不断培养形成。

1960年，著名的心理学教授瓦尔特·米歇尔进行了一个软糖实验。其实验对象为斯坦福大学幼儿园一群4岁的小孩，他们大部分是斯坦福大学教职员工或研究生的子女。

教授让小孩子们进入一个大厅，并在每个孩子面前都放了一块软糖。他问孩子们："你们是不是特别想吃这块软糖。"小孩子们异口同声地说："嗯！"但是教授又说："如果你们在我出去的那段时间没有吃掉这块软糖，那我会再奖励你们一块软糖；相反，如果这段时间你们吃掉了这块软糖，那你就只能得到这一块。"

在教授出去的这段时间，有些孩子没有抵抗得了软糖的诱惑，随即便吃掉了这块软糖。有的孩子想到最终会有两块软糖，他们思忖再三，决定转移注意力，为两块糖而努力坚持。他们有的闭上眼睛，有的自言自语，有的跳舞唱歌，最终得到了两块糖。

研究者对接受这次实验的孩子们进行了长期的跟踪调查。他们发现学生时代那些得到两块糖的孩子学业优秀、控制能力强，自信、人际关系也很好，比那些只有一块糖的孩子则略胜一筹。调查结果表明：幼时能够耐心等待、有意志力的人长大成人后有优秀的成就。那些控制不住自己的人则没有那些能控制住自己的人成就突出。

但是，情商并非一成不变的，它主要是在后天的人际互动和发展中形成的。我们可以在生活和事业中不断提高自己的情商。这就需要我们在面对事情时，要善于发现问题并解决问题。

我们首先要正确地面对自己，正视自己的情商缺陷，给自己一个理智和清晰的认定。在生活和实践中发现自己的劣势，不断地学习他人自我认知、管理情绪、自我激励等能力，提高自己的情商。对于企业管理者而言，更应该注重情商在管理中的重要性。只有这样，才能更好地管理员工、发展企业。

2. 情商特征

不同情商的人在自我意识、管理情绪、自我激励、认知他人情绪和处理人际关系五方面的表现是不同的。他们在生活、事业等方面的表现也是不同的。

（1）高情商。高情商的人能够清晰地认知自己的优势和劣势，有很强的抗压能力。他们对生活、事业充满自信，有着远大的目标，却没有骄傲的心态。在高情商的人看来，尊重他人的人权和人格尊严是至关重要的，他们不会把自己的想法或价值观强加于他人。面对困难和挫折，此类人不言放弃，在不断努力下度过困境。

高情商的人善于处理各种人际关系，他们的婚姻家庭美满，朋友同事也能很好相处。他们认真对待生活和事业，并能够妥当地处理各种事情。我们伟大的周恩来总理就是一个情商很高的人。

周恩来总理是一个特别睿智的人，用他的智慧为中国的发展做出了贡献。此外，他又是一个情商很高的人，其是一个情感世界特别丰富的人，是一个能够很好地管理自己情绪、认知他人情绪、处理人际关系的人，他的这一高情商使得其在国内外都有很高的声誉。

在国内，周恩来用他的智慧和情商与毛泽东等老一辈领导人领导中国人民建立了新中国，取得了举世瞩目的成就。在国际上，他用他的高情商维护了国家和民族的尊严，开创了我国外交的新局面。

他的外交技巧令人惊叹。中华人民共和国建立之初，周总理在一次国际会议上就彰显了他的高情商。20世纪50年代,新中国建立之初,中国相对贫穷,诸多国家都瞧不起中国。在一次国际会议上,一位西方记者就不怀好意地问周总理:"请问总理,你们现在的中国人民银行有多少资金?"面对外国媒体的刁难,周总理考虑到中国的实际,同时也不使媒体为难,也不损害中国的国际形象。最终,他幽默地回答道:"中国人民银行的资金总共是18元8角8分。"

周恩来的回答顿时令在座的人都很震惊,人们都认真聆听总理的解释。总理微笑着说:"我们国家现在的人民币有10元、5元、2元、1元、5角、2角、1角、5分、2分、1分,加起来总共是18块8角8分。"周总理紧接着又说道:"中国人民银行是中国人民努力和智慧的成果,它凝结了中国人民的信用和实力,它在中国乃至全世界都有很高的声誉。"周总理巧妙的回答,获得了外媒的高度赞赏,会议场上掌声不断。

很明显,周总理在第一时间洞察了他人的意图,面对外媒的刁难,他没有对其进行直接的指责,而是巧妙地回答了他人的问题。他不仅没有给他人留下不堪,而且也为自己和中国人博得了掌声和喝彩。显然,高情商的人是一个出色的领导者,他们能够妥善地处理遇到的各种事情。

(2)较高情商。较高情商的人对待人生自信但不自满。他们是个很乐观的人,为人处世幽默。这类型的人能够较好地感知他人的情绪与情感和角度想问题。他们有较好的人际关系。此外,他们遇到挫折不退缩,心理承受能力较强,能够处理大多数问题。但是,这类人容易受到其他人焦虑情感的影响。

某饭店破产,很多员工都失业了,小丽是其中的一位下岗的女员工。与其他人一样,小丽起初也表现出了焦虑的情绪,埋怨自己失业,短时间内肯定又找不到合适的工作。但是与其他人不同,她很快面对现实,觉得抱怨也没有用,既然无力改变,那就应该从挫折中快速走出来。

她不再抱怨,观察大众的需求,寻找合适的商机,凭借自己烹饪的一技之长,在亲朋好友的支持和帮助下开了一个属于自己的小饭店。由于极佳的地理位置,加上小丽优秀的烹饪技术,饭店的生意火爆。她在一年之内还清了借款，并且几年之后又开了很多连锁店，自己当上了老板，过上了比原来打工更好的生活。

从小丽的事例可以看出，较高情商的人虽然一些方面不及高情商的人，有时也会焦虑，但是他们可以很乐观地面对现实，遇到困难迎难而上，利用自己的人际关系，为自己创造更美好的明天。

（3）较低情商。较低情商的人缺乏坚定的自我意识，将自己的自尊心建立在他人的基础之上。这类人容易受到他人的影响，目标不明确，缺乏自信。他们能应付一些较轻的焦虑情绪，但是一遇到挫折就会逃避放弃。在一定程度上较低情商的人比低情商的人能控制自己的意识。他们的人际关系较差。遇到一些不开心的事情，宁愿自己一个人承受，也不愿意向他人敞开心扉。

小明是一名公共汽车上的售票员，而乘客们一上车就发现他不喜欢这个职业。他对乘客每次都懒洋洋地打招呼，爱答不理地售票。人们发现他每隔一段时间就看看手表，然而无聊地看着窗外的人和物。有时，他也能和善地对待乘客，但大多时候都对乘客爱答不理，也从来不笑脸相迎。有些好心的乘客跟他聊天，但是他经常不向他人打开自己的心扉，仍然跟以前一样工作。

从中可以看出，售票员这个职业对小明来说是一份累赘，而他并没有选择很好地面对这份职业，觉得这份职业带给不了自己成功，因此他选择非理性地来面对这份工作。其实，如果他调整自己的心态，把这份职业当作自己的快乐，释放自己的压抑，充分发挥自己的智慧，同样可以在售票员这个职业获得成功。我们不论从事何种职业，都可以取得成功，重要的是你怎么面对它。

小明就是比较典型的较低情商的人。这类型的人虽然有时可以应对一些自己的焦虑，但是大部分时候，他们都没有自信，目标不明确。当遇到挫折时，他们选择了逃避或者放弃，不能从容地面对现实和困境。而且这类人的人际关系一般较差。

（4）低情商。低情商的人自我意识差，他们对生活没有自信，没有确定的目标也不去完成任务。他们严重依赖他人，无论生活还是工作从来不考虑他人的感受，处理人际关系能力差。面对失败和困难，他们经常抱怨，为自己的失败找借口和理由，推卸责任。这类人心理承受能力差，对生活持悲观态度，时常忧郁爱哭。《红楼梦》中的林黛玉就是典型的低情商的代表。

《红楼梦》中的林黛玉是个很聪慧的女子，天资聪颖，五岁便能做诗。其言谈举止高雅，聪明俊秀，王熙凤称赞林黛玉的美貌标致，贾宝玉评价其为"神仙似的妹妹"。

但是林黛玉却是一个消极、悲观的人，过度的悲伤导致其身体越来越虚弱，直至美丽的花儿凋谢。当她最亲近的外婆和表嫂们合谋毁了她与贾宝玉的幸福时，她的生活变得一团乱麻。《红楼梦》中写道，她每天都很伤感，天天以泪洗面。面对这样的委屈，她没有选择很好地面对，却每天辗转反侧，以消极的态度面对人生。她认为整个世界都对不起她，最后这么美丽聪慧的美人就这样逝去了。对于林黛玉来说，这是一种人生的悲哀。

林黛玉作为典型的低情商类型的代表，心理承受能力差，悲观，抱怨，经受不住一点人生的挫折和打击。这种类型的人应该适当调整自己的情绪，提高自己的情商，否则人生会是一团糟。

不同情商类型的人有不同的表现和特征。对于管理者而言，无论何种情商类型的人都要合理地利用自己的情商。

3. 情商类型与管理

情商是管理中用人者要非常注重的一点，它不仅是一种手段和方法，也是一种艺术。不同情商类型的管理者在管理公司、处理人际关系方面有着根本的差异。

（1）高情商类型的管理者。高情商类型的管理者是一个优秀的管理者，此类管理者能够清晰地认知自己的优点和缺点，他们对自己所从事的工作充满自信但不自满。面对公司的危机或困境，他们能够冷静沉着面对，迎难而上，带领自己的属下度过困境。他们对待工作高度认真负责，善于处理与同事和员工的人际关系。这种类型的管理者在管理人才方面表现出色，在企业管理中是个不错的人选。

（2）较高情商类型的管理者。相对高情商的管理者而言，较高情商类型的管理者在管理方面较弱。此类管理者是天生的乐观派，面对挫折迎难而上，心理承受能力较强。在公司遇到突发状况时，他们能够处理大部分事情，他们的人际关系也良好。但是，这类型的管理者容易受到他人焦虑情绪的影响，但是庆幸的是可以从焦虑的情绪转换出来，积极乐观地面对困难。这类型的管理者在企业管理中也有不错的表现。

（3）较低情商类型的管理者。较低情商类型的管理者在管理方面较弱。他们在工作中缺乏自信，没有目标。这类人缺乏坚定的自我意识，不能很好地掌控自己的情绪。面对在管理中出现的一些问题，他们能解决一些相对容易的事件，但是一遇到大的挫折和困难就选择逃避，他们处理人际关系的能力较差。这类型的管理者在管理方面弱势明显，要特别注意控制自己的焦虑情绪。

（4）低情商类型的管理者。低情商类型的管理者在管理方面是一个极差的管理者。在工作上，低情商类型的管理者没有目标也不愿意付诸实践。在工作上，这类人严重依赖同事和员工。面对困难和挫折，他们不是积极面对，而是表现出非常焦虑的一面，推卸责任，为自己的失败找各种借口和理由。他们的人际关系很差，心理承受能力很差，一遇到挫折萎靡不振，爱哭。此类型的管理者在管理层面要特别注意自己的弱势，否则出现一些极端化现象。

不同情商类型的管理者在管理层面、处理人际关系方面是不一样的。一般而言，高情商类型和较高情商类型的管理者是一个比较出色的管理者，而较低情商和低情商类型的管理者在管理层面则弱势明显。那么不论是何种情商类型的管理者，怎样才能成为一个优秀的管理者呢？

第一，管理者要明确自己的情绪，这在管理中是极其重要的。管理者不仅要清楚自身存在的优势和劣势，而且要清楚在工作中自己赞成什么，反对什么，喜欢什么，憎恨什么。领导者在工作中要立场坚定，不仅要对自己有一个清晰的认知，而且要对员工有一个相对中肯的评价，这样才能使得员工在完成工作时有一个正确的态度。

第二，管理者要善于调控自己的情绪，保持情绪在工作中的稳定性。管理者的情绪应该是相对稳定的，遇到事情不悲不喜是工作中应该秉持的态度。这就要求管理者面对胜利不骄不躁，面对挫折不沮丧，坦然面对，而不是像较低情商和低情商的人一样逃避放弃。领导要善于调节和掌控自己情绪中的消极情绪，尽量避免其带到工作中，给属下和公司带来不利影响。

第三，管理者要有效地利用自己的情绪，使其成为鼓励自己和员工的不竭动力。一个出色的管理者，能够调节自己的情绪。对他们而言，无论是开心还是愤怒的情绪，都能成为他们奋斗的动力。优秀的管理者一定要学会激励自己和员工，使之推动公司发展的内在推向力。

第四，管理者要善于感知他人的情绪。这就要求管理者在管理属下时，要善于发现不同情商类型的下属的情绪，并给予他们不同的任务和职业。情商较高的下属可以安排一些领导性的职业，情商低的人可以从事一些技术性工作。此外，用人者要注意员工在公司中情绪的变化，注意调动员工的情绪，跟他们谈心，深入了解他们的生活和工作状况。

最后，管理者还要善于处理人际关系。在管理中，无论是管理的主体、客体、环节、过程都离不开人的参与。因此，对管理者而言，较好的人际关系在工作中是非常重要的。而较低情商和低情商类型的管理者要特别注意这一点。做一名优秀的管理者，不仅要处理好跟自己与同事的关系，也要处理好跟员工的关系。一名优秀的管理者可以利用自己的人脉为公司赢得不错的收益，也能够获得人心，深受员工的欢迎。

总而言之，一名优秀的管理者需要在自我意识、管理情绪、自我激励、认知他人情绪和处理人际关系五个层面不断努力。只有这样，管理者在自己取得成功时，也能引领员工获得人生的辉煌。

美国著名企业家、微软工程师、慈善家以及美国微软公司董事长比尔·盖茨就是一个成功的管理者。1997年《时代周刊》评价其为"美国最有影响的十大人物"之一，他不仅对美国乃至全世界都造成巨大的影响。他是一个奇才，智商惊人，六年级的时候就展示出了高于一般小孩子的智商。但是，他的情商也特别高。在别人看来，盖茨的大脑就像一台高速运转的计算机，他的大脑没有任何杂念，不会受任何情绪的影响，时刻保持高度的自信，在管理层面也有着自己的想法和观点。

比尔·盖茨非常重视人的作用，在他看来，人才是一个企业发展的必备的条件。他善于发现自己所需要的人才，善于发现他们的优点，引进了一批高层次的人才。他与他的伙伴史蒂夫·巴尔默真诚合作，并且努力奋斗，高度重视人际关系在企业发展中的重要性。在用人方面，比尔·盖茨善于鼓励和激励员工的情绪，并使之转化为经济效益。他的公司总部看起来更像是一个丰富多彩的世界，里面有各种自然景观以及娱乐设施。他认为员工应该在轻松的氛围内工作，应该在没有压力的情况下工作，这样才能创造更大的财富。

　　他奉行"以人为本"的管理理念，认为员工在工作时如果觉得太过疲倦，可以去欣赏一下公司的自然景观，也可以通过各种运动场所发泄。劳逸结合是他一贯遵循的宗旨。在公司总部，我们可以看到员工们穿着印有"你们的同事是你最好的朋友"上衣，每个员工都应该把自己的同事当作朋友。同样，比尔·盖茨也把自己的员工和同事当作自己的朋友，只有这样才能为公司创造更大的效益。正是因为如此，比尔·盖茨成了一位优秀的企业家和管理者。

　　因此，作为一名用人者，要特别注意情商在管理中的运用。无论是何种类型情商的管理者，一定要谨记人在管理中的重要性。只有这样，才可以帮助我们到达胜利和成功的彼岸。

4. 情商测试

近年来，伴随着社会的日益进步和竞争的加强，情商逐渐得到各用人单位的重视，一些500强企业还将情商测试作为招聘员工、任职员工的重要衡量尺度和标准。因此，我们每个人都要注重自己的情商。

那么，我们怎么知道自己的情商属于哪种类型呢？这个问题我们可以通过下面的测试来解决疑惑。需要指出的一点是，在回答下列问题时，我们不要考虑外界的因素，要排除一切干扰，看看真正的自己是什么样子的，只有这样才能更好地了解自己。如果我们不能排除外在的干扰，情商的测试就会出现某些偏差，这样还需要重新测试一次。

请从下面的选项中选择一个最符合自己的答案，但是要尽量避免选择模糊不清的答案。

1.你在工作中有能力面对各种事情和困难。（ ）

A.是 B.看情况 C.不是

2.如果你因为一些原因到了新的工作环境，你会怎样安排自己的工作？（ ）

A.和以前一样 B.看情况 C.换一个新的工作方式

3.你觉得你自己能完成自己的理想和目标。（ ）

A.是 B.看情况 C.不是

4.你觉得无论是在生活还是在工作中，有些朋友或同事总是回避或冷

淡你。（　　）

  A.是　B.看情况　C.不是

 5.对自己不喜欢的人，你经常用各种方式避开他们。（　　）

  A.从来没有过，我很有礼貌　B.有时会　C.经常这样

 6.当你正在集中注意力做某件事情，假设你的同事在高声说话或者唱歌。（　　）

  A.你仍然会专心致志地工作　B.有时能够专心，有时会生气　C.不能专心且很生气

 7.无论你到任何一个陌生的城市，你从来都不是一个路痴，方向感很强。（　　）

  A.是　B.看情况　C.不是

 8.无论是学生时代的你还是工作中的你，既然选择了这个专业或者工作，你都很热爱自己所学的专业和从事的工作。（　　）

  A.是　B.看情况　C.不是

 9.假设今天天气阴冷，或者有严重的雾霾，这会干扰到你的情绪或者工作心情。（　　）

  A.是　B.看情况　C.不是

 10.我从来都不相信谣言，这些都不会使我生气愤怒。（　　）

  A.是　B.看情况　C.不是

 11.我善于控制自己的情绪和表情，喜怒不形于色。（　　）

  A.是　B.看情况　C.不是

 12.你的睡眠质量怎么样？（　　）

  A.很容易入睡，任何事情干扰不了我　B.看情况　C.不太容易入睡

 13.你的同事冒犯了你，你会怎么样？（　　）

  A.不露声色　B.看情况　C.直接予以回击

 14.上司布置给你的任务你在完成时出现了差错，你经常表现出寝食难安的情况，不能很好地工作。（　　）

  A.是　B.看情况　C.不是

15.你会因为一些鸡毛蒜皮的小事觉得难过。（ ）

A.是　B.看情况　C.不是

16.更多时候，你喜欢一个人独处，不喜欢热闹的地方。（ ）

A.是　B.看情况　C.不是

17.你的同学或同事起外号调侃你。（ ）

A.从来没有过　B.偶尔有过　C.从来没有过

18.你吃过一种食物过敏，出现身体不适的现象。（ ）

A.没有　B.好像有　C.有

19.除去你现在的工作，你的眼中没有任何其他的工作。（ ）

A.没有　B.好像有　C.有

20.你会因为一些没有发生的事情而担心。（ ）

A.没有　B.偶尔有　C.经常

21.你常常觉得大家对你不够好，但是你又确定他们确实对你很好。（ ）

A.不是　B.偶尔　C.是

22.每天一下班回家，你经常把家里所有的灯都打开。（ ）

A.不是　B.偶尔　C.是

23.当你躺在自己的房间休息时，你会感到害怕。（ ）

A.不是　B.看情况　C.是

24.你有选择困难症，在做决定时，经常很纠结。（ ）

A.不是　B.看情况　C.是

25.你经常喜欢玩星座运程，来预测今天、本月或本年的运程。（ ）

A.不是　B.看情况　C.是

26.你是一个为了工作早出晚归的人，早晨起床对你来说是件很痛苦的事情。（ ）

A.是　B.不是

27.在一些情况下，你会因为自己的情绪，而中断自己的工作。（ ）

A.是　B.不是

28.你经常保持一种很紧张的状态，稍微有一些事情你都会觉得不

安。（ ）

    A.是　B.不是

29.你是一个经常做噩梦的人。（ ）

    A.是　B.不是

30.你喜欢任务重、难度高的工作。（ ）

    A.从来不　B.偶尔　C.有时　D.经常　E.总是

31.你经常发现别人对你的好或关心。（ ）

    A.从来不　B.偶尔　C.有时　D.经常　E.总是

32.在工作中，你经常听取同事或者他人的意见和建议，包括对你的批评。（ ）

    A.从来不　B.偶尔　C.有时　D.经常　E.总是

33.你是一个喜欢鼓励自己的人，对未来充满信心和希望。（ ）

    A.从来不　B.偶尔　C.有时　D.经常　E.总是

其中，第1-9题中，A记6分，B记3分，C记0分；第10-25题中，A记5分，B记2分，C记0分；第26-29题中，A记0分，B记5分；第30-35题中，A记1分，B记2分，C记3分，D记4分，E记5分。把这些分数相加，就是你情商测试的总分。

如果你的得分在90分以下，说明你的情商很低，你经常不能正视自己的缺点和错误，很多时候情绪左右了你的工作和生活。面对挫折和困难，你选择了逃避和放弃。你爱发脾气、易怒，这在工作中是很大的忌讳。这样的你在工作中一定要注意调控自己的情绪，冷静地面对，尽量不要把负面情绪带到工作中。否则，情商会成为你工作的绊脚石。

如果你的得分在90~129分，说明你的情商一般，属于较低的情商类型。你在一定程度上比情商很低的人更能控制自己的意识，可以解决一些问题。但是，你面对不同工作的表现是不相同的。因此，你要学会管理自己的情绪，如果经常可以控制自己的意识和情绪，那么你也会取得不错的成绩。

如果你的得分在130~149分，说明你的情商较高。你是一个乐观的人，不会受情绪的干扰。你对待工作认真负责，对别人关怀有加，应该要发扬自己的优点。你需要继续保持对工作的自信和认真。

如果你的得分在150分以上，说明你的情商很高。你在自我意识、管理情绪、自我激励、认知他人情绪和处理人际关系层面都有出色的表现。你的情商会成为你事业发展的推动力。这样的你要好好地利用自己的情商，充分发挥情商在工作和管理中的作用。只要你努力，你肯定会有杰出的成就。

诚然，无论是哪种情商类型的管理者，都要注意情商对管理者的重要性。伴随着时代的进步和发展，越来越多的企事业单位注重情商作用，将其作为用人的重要参考标准。因此，作为管理者，一定要注重尽量地展示自己的优势，避免自己在工作和管理中的弱势。那些成功的企业家不仅仅凭借自己的智慧，更用自己的情商为企业开拓了一片天地。高情商的管理者，生活中坦诚对人，感情婚姻美满，工作中更是佼佼者。当然，情商并非一成不变的，那些低情商的人要学会提高自己的情商。

由此可见，情商在管理中有着不可替代的作用。身为管理者，一定要注重情商在管理中的运用，特别是在处理人际关系方面。只有这样，你才能成为一名优秀的管理者。

第八章
智商测试

> 智商是人们认识客观事物并运用知识解决实际问题的能力，是管理者在竞争中取胜的法宝和关键。

1. 智商类型

智商又称智慧、智能，简称IQ。所谓智商，主要是指每个人运用数字、词汇、记忆等能力，它用来表示我们智力的高低和发展水平。这一词汇最早是由法国学者比奈和他的学生所发明的，根据他的调查结果显示，一般人的平均智商为100，而正常人的智商大多在85~115之间。从某种意义上来看，人的智商就像一个电脑的硬件，高智商的人能够做一些复杂的事情，而那些特别低智商的人在做一些事情时力不从心，在一些方面低他人一等。

每个人的智商因人而异，智商在一定程度上受遗传的影响很大。有的小孩子一生下来就表现出比其他小孩子聪明的情况。当然，伴随着年龄的增长，人的智商也相应地提高。科学家们发现，在两岁之前可以通过一些训练提高我们的智商，当然在后天的成长和锻炼中，智商也会有些改变。但一般情况下不会有太大的变化。智商也受到人的情绪的影响，心情好的时候比心情差的智商要高。每个人在精神好的时候比精神差的时候智商要高。

就整体而言，智商包括七种能力。观察力，主要是指人们大脑对事物的观察能力，通过观察事物提升自己对世界的新认识；注意力，主要是指人们对一件事情的注意力长短，反映了人们对一件事情的兴趣；记忆力，主要指人们通过对事情的识记、保持、再认识、重新反映事物的客观能力；思维力，主要是指人们观察事物之后对事物再思考后的总结能力；想象力，主要是指人们基于现实事物创造出一些新事物的能力；分析判断能力，主要是指人们对一些事物的观察、分析、推断和研究的能力；应变能力，这主要是指人们在面对突发状况时所做出的反应能力。

科学家们根据一定的调查和结果，将人的智商分为以下几类：

（1）智商在140分以上，属于天才智商，这类人是极少的，占到全世界人口的1%。

（2）智商在120~139之间，属于优秀智商，占到全世界人口的10%。

（3）智商在110~119之间，属于中上智商，占到全世界人口的16%。

（4）智商在90~109之间，属于中等智商，这类人是最多的，占到全世界人口的46%。

（5）智商在80~89之间，属于中下智商，占到全世界人口的16%。

（6）智商在70~79之间，属于临界智商，占到全世界人口的8%。

（7）智商在70以下，属于低下智商，占到全世界人口的3%。

从上面的分类可以看出，天才和低下智商在人群中都是少数，大多数都在正常水平范围内。智商在一定程度上会影响我们的成功，不同领域对智商的要求也不一样，诸如棋类运动、科研领域等需要较高的智商。那些伟大的科学家和成功人士一般都有较高的智商。

牛顿是一名伟大的物理学家、哲学家、数学家、思想家和哲学家。其中万有引力定律是其辉煌的成就之一，在他还是一个小学生的时候他就经常爱思考一些非常有意思的事情。在一个假期里，与往常一样，他来到母亲的小花园里玩耍，玩累了在一棵苹果树下休息片刻。忽然，一个苹果掉下来砸在他的头上，这个看似偶然的现象引起了他的注意和思考。

当时，他想，苹果熟透了为什么不往天上飘，为什么不横着飘，而要往地上掉呢？究竟是什么原因使诸多物体总是受到地心的吸引力呢？结果，牛顿充分发挥自己的智慧，他发现了具有划时代意义的万有引力。

牛顿的发现至今都有很大的影响。牛顿的智商要比常人高很多。此外，伟大的发明家爱迪生、有相对论之父之称的爱因斯坦、创造生物进化论的达尔文等等，他们基本上都是高智商的典型代表。科学家们曾对一些历史名人和奇才的智商进行了一些测定，他们发现歌德的智商为210分，达芬奇的智商为220分，亚里士多德为200分，伽利略为185分，拿破仑为145分，华盛顿为140分。这些伟大的科学家、天才都是一些高智商的人才。

但是，对我们一般人而言，智商都没有太大的区别。智商对于我们大多数人来说都是够用的。对于一名管理者而言，只要充分利用自己的智商，也可以在自己的领域取得相应的成功。

某厂是一家造纸厂，规模宏大，但很奇怪最近几年却处于亏损状态，究其根源主要在于厂内的诸多员工和领导将工厂里生产的一些纸张私自带回家，送给亲朋好友。而且他们认为这是理所当然的，天经地义的，自己厂里生产的纸拿一些无所谓，也不影响企业的发展。谁料想，他们拿的纸积少成多，公司入不敷出，多年的亏损状态无法缓解。一些领导则开始了整改，设法帮公司渡过危机。

工厂的领导们各抒己见，想了诸多办法，也采取了很多措施，但还是解决不了这个问题。有的领导提出了一项"惩罚制度"，即将私自把纸张带回家的人开除。在制度施行后，工厂开除了将近一半的员工。由于涉及的人数太多，一方面导致公司不能按照预定的计划生产出所需的纸张，另一方面导致其他员工怨声载道，公司内部不能齐心协力面对诸多问题和挑战。

第二任领导任职后，将之前开除的人请回来继续工作。他采取有力的说服教育，对其私自将纸拿回家的行为进行了利弊分析。其措施在一定程度上使得公司人心稳定下来，但是，一段时间之后一些人又开始将生产的纸张私自带回家。他们认为反正开除了也可以再继续回来上班，因此继续之前的行为，甚至比以前拿的更多了。公司的状况非但没有缓解，反而越来越差。第二任领导不得已选择辞职。

第三任领导任职后，充分发挥自己的聪明才智，在前任两人领导的基础上，采取了张弛有度的措施。他不仅采取了说服教育也设定了一套严格的规章制度。但是，与上两任领导不同的是，他认为"射人先射马，擒贼先擒王"。

因此，他首先严格要求厂级的领导，坚决杜绝他们私自把纸张拿回家的行为，否则严惩不贷，直接开除。其次，他要求工厂的中层管理坚决禁止中层干部私自把纸张拿回家，如果有人违反，先给予警告处分，再给予其他处理。第三，他充分认识到党员先锋模范的积极作用，要求党员同志充分发挥自己的带头作用，表彰有突出表现的党员，如有违反则给予纪律处分。最后，他召开工厂大会，将私自携带纸张回家的利弊告知给广大员工，并设立了严明的奖惩制度。

可见，第三任领导充分发挥了其缜密的逻辑和思维能力，认真分析这种乱象的原因，设立了一套不同于他人的制度。在他的努力下，造纸厂员工们携带纸张回家的现象越来越少，效益越来越好，公司不断扩大，取得了不错的成就。

从上面的事例可以看出，第三任厂长在前两任厂长方法的基础之上，发挥自己的管理智慧，为企业谋发展。作为一名管理者，在管理过程中，应该通过自己的智慧取胜。

2．智商特征

不同层次的智商具有不同的特征，其在观察力、注意力、思维力、想象力等七大能力的表现也不相同。

（1）高智商，智商在120分以上，包括优秀智商和天才智商。高智商的人在孩童阶段就比其他的孩子善于思考，善于观察细节。他们每做一件事情注意力都高度集中，能全神贯注地从事某项研究和工作。

记忆力方面，这些高智商的人比一般人的记忆力惊人，他们或者过目不忘，或者能够记忆很复杂的数字，如圆周率。在对客观事物做出一定的反应时，这些人能高度概括事物的特征。他们有着丰富的想象力和创造力，可以创造出一些与众不同的事物。

在一些自己擅长的领域，高智商的人往往学术有专攻，技能有专长，有独到的成就和见解，这是常人所难以达到的境界。他们有强烈的好奇心和探索欲，喜欢探索未知的世界，倾注全力通过自己的智慧和能力改变事物。其应变能力也相对较高，在遇到事情时，可以理智地判断事物的客观现象，做出一定的决策。

维特根斯坦，是历史上天才的哲学家之一。他个人的生活和家庭比较离奇，他的父亲是欧洲工业巨头，母亲是银行家的女儿。他在八个子女中排行最小，有着3/4的犹太血统。他虽然从小没有接受过正规的教育，却在其他方面表现出了优于他人的能力。10岁时就自己做了一台缝纫机，22岁时获得了飞机发动机的一些专利。

第一次世界大战期间，维特根斯坦和其他人一样应征入伍，他一边打仗，一边学习写了一本关于哲学的书，在29岁时完成了此书。这书被后世誉为自柏拉图以来，哲学界最为重要的一本专著。他将其父亲留给他的遗产全部赠送给别人，自己却在一个偏僻的乡村任教。任教期间，他发现他所在的地方没有字典，因此他编写了一本有助于广大学生学习的工具书，类似于现在的《新华字典》。后来在其厌倦了当教师之后，他又从事建筑行业，成为后现代建筑的主要设计师。其一生都在探索未知的世界，为人类和世界做出了巨大的贡献。

维特根斯坦从小就表现出了比其他孩子都高的智商，他凭借自己的智慧在哲学等领域取得了非凡的成就。他善于思考，善于探索和发现未知的世界。他的高智商成就了其成为著名的哲学家。

（2）中等智商，80~119之间，包括中上、中等和中下智商。我们大多数人的智商在90~109之间。中等智商的人不是天才，也不是智商低下。由于个体差异，每个人的智商不尽相同。智商离119越近的人，在七大能力方面更胜一筹。而对于我们大部分人来说，智商都是够用的，关键是看你怎么利用它，怎么利用自己的智慧来解决实际问题。在今天日益激烈的竞争中，在商场中如何取胜就要看个人如何利用自己的商业智慧，或开辟新的路径，或重用人才。只要我们抓住时机，也可以充分利用我们的智慧取胜。

犹太人是一个善于经商的民族。在第二次世界大战期间，纳粹想尽办法迫害犹太人，很多犹太人都死在了集中营。在奥斯维辛集中营，有两个犹太人却生存了下来。父亲对他的儿子说："现在我们不能坐以待毙，我们剩下的唯一财富只有我们的智慧，我们要利用自己的智慧为自己谋出路。当他们说一加一等于二的时候，我们就应该想到一加一等于二，不要反抗，否则我们就是死路一条。"结果，其他的犹太人都死了，这两个人却活了下来。

第二次世界大战结束后，父子二人来到美国，在休斯敦做铜器生意。有一天，父亲问儿子："一磅铜的价格是多少？"儿子回答："35美分。"

父亲告诉他:"整个美国的人都知道这个价格,但作为我的儿子,我们不妨换个角度思考问题。如果我们把一磅铜做成其他的东西,比如一扇门的把柄,那么它就不是35美分了,而值35美元。"在父亲的启发和他自己的努力下,他取得了不错的成就,他把铜做出了铜鼓,做出奥运会的奖牌,将一磅铜的价格卖到了3500美元。而这时他已不再是当时那个不会思考的小孩子,而是麦考尔公司的董事长。

1974年,美国政府想要清理自由女神像翻新的废料,向社会广泛招标。他在看过自由女神像翻新丢弃的铜块、螺丝和木料后,立即就接下了这笔生意。而其他的许多公司都不敢接手这一份工作,并嘲笑他的行为。因为,在美国如果垃圾处理不好,就会受到环保部门的起诉和惩罚。而他充分发挥自己的智慧,发散自己的思维,他将废铜熔化,铸成小自由女神像,将其他的废水泥和木头加工成底座,把废铝做成纽约广场的钥匙,更让人意外的是,他甚至把灰尘卖给鲜花店。他让这堆废料物尽其用,使每磅铜的价格变成了350万美元现金,整整翻了1万倍。这个事情一直成为商业界的佳话。

从以上的事例可以看出,其实他跟其他人一样,智商都属于中等智商,但关键是看你怎么利用它。在我们面对事情时,一定要善于思考,善于利用自己的智慧取得成功。对于一名管理者而言,更应该注重这一点,所谓以智取胜说的就是这个意思。

(3)低智商,80以下,包括临界智商和低下智商。这类人占的比重不是很多。低智商的人记忆力低下,记不住东西。他们对事物的观察力不足,尤其是逻辑推理能力。在一定程度上,这些人在孩童阶段比其他小孩发育得迟缓。其语言表达能力不足,无法用语言或其他形式表达出自己的真正想法和意见。在从事某项工作和任务时,缺乏自信,总是唯唯诺诺。当然,我们也不能否认这些人不可以取得成功。科学家们发现通过一些办法是可以提高智商的。科学家们建议多吃蛋黄、大豆、牛奶、胡萝卜及谷类食物,促进脑髓的发育。此外,还可以通过一些专门的训练提高思维能力、想象能力、逻辑推断能力等七大能力。

智商作为衡量一个人智力高低的重要指标，是人脑聪明智慧的功能，是人的一种能力。从古到今，多少伟人的丰功伟绩都是以智取胜。他们充分发挥了自己的聪明才智，审时度势，在自己的领域取得非凡的成就。虽然我们不是天才，但是也可以通过自己的努力取得成功。而对于一名管理者而言，无论你智商的高低，都要学会运用自己的智商，为公司和企业的发展建言献策，做出自己的贡献。否则，我们就不能在商界取胜，更不用说获取我们人生的价值和成就了。

3. 智商类型与管理

在管理方面,一个管理者如何运用自己的智商成为一个优秀的管理者至关重要。一个优秀的管理者,必是以智取胜,充分发挥自己智商在管理中的作用。一个出色的用人者,必须要发挥以下特质。

(1)非批判性态度。

非批判性态度是一个优秀的管理者具备的第一项特质。他们懂得利用自己的智慧,充分挖掘员工最佳的一面,因此其对所有的员工都持有非批判性态度。每个员工在他们眼中都是平等的。他们不相信他人对一个人的评价,而相信自己的判断能力。

这些人极其讨厌谣言和批评,对所有的员工都以礼相待,真诚地对待每一个员工。这些优秀的管理者秉持包容的心态,接近其他人,注重跟其他人有一种新的关系。因此,无论是何种智商的管理者都要保持一种非批判性态度。

(2)洞察力。

洞察力是一个优秀的管理者具备的第二项特质。他们可以通过观察、沟通等方式来帮助员工了解他们自己。在此基础上,员工可以清楚自己适合做什么,不适合做什么。

在职场中,无论是何种智商的管理者,都必须要注重人的作用。他们有着敏锐的洞察力,可以站在他人的立场上思考问题,并凭借以往的经验智慧来观察自己的员工。当然,智商稍微低于他人的管理者,可以长时间慢慢地观察他们，在工作中通过观察他们的工作以及言谈举止来帮助他们了解自己。

（3）真诚。

真诚是一个优秀的管理者具备的第三项特质。真诚主要是指对于员工一定要真诚。高智商的管理者，可以凭借自己的真诚和智慧清晰地表达出自己的目标，而不会出现任何欺骗的现象。他们无论是在与员工私下接触还是在公众场合，都表现出极为真实的一面。

他们真诚、坦率，待人热情，可以凝聚人心，帮助公司完成必定的目标。真诚待人，以礼处世，不管是何种智商的管理者，在日常的生活和工作中都要慢慢学会。你对员工真诚，员工必然以真诚待你，精诚合作，才可以获胜。

（4）风度。

风度是一个优秀的管理者具备的第四项特质。所谓风度，是指管理者无论在什么时候都以开放的心态来对待自己的员工。面对挫折，管理者可以帮助自己的员工理性地面对挫折，合力想出一个解决的办法。在处理问题时，高智商的管理者会直接处理与其责任有关的人物，即先倾听事情直接负责人的陈述。

在工作时，他们不喜欢把特别急的工作交付给其他人，而是自己找时间完成任务。对于他们来说，这么重大的任务，即使没有时间也会挤出时间来完成。因此，无论何种智商的管理者，都要在工作中慢慢学会以开放的心态对待工作。对于任务难度大的工作，管理者要学会慢慢处理。否则，在一些情况下，就会在关键问题上出现差错。

（5）中肯。

中肯是一个优秀的管理者具备的第五项特质。所谓中肯，是指一个管理者有能力处理发生的事情。面对发生的事情，高智商的管理者能够先判定事件的起因、经过以及结果，然后根据事态的发展找出相应的解决办法和对策。他们利用自己缜密的观察能力，特别注重细节，较好地掌握情况。

一个优秀的管理者，可以使员工在处理问题时，直接探究与问题有关的事实和细节。他们能够听取员工和同事的意见和建议，在其计划和建议之间做出相对中肯的对策。因此，无论是何种智商的管理者，在面对一项任务或者突发情况时，一定要找出相对折中的意见和建议。只有这样，才能集中注意力完成自己的目标。

（6）表达性。

表达性是一个优秀的管理者具备的第六项特质。所谓表达性，是指管理者在对待员工时能够表现出自己的个性。他们个性鲜明，能够很好地适当地表达自己的情绪。在员工面前，他们张弛有度，在一些情况下严厉，在一些情况下又能很好地控制自己的情绪，权衡感情在工作中应该发挥的作用。

高智商的管理者，不轻易地向员工发泄自己的情绪，而是通过适当的情绪来鼓励自己的员工，希望他们彰显活力并为企业的发展做出贡献。他们能够更好地展示自己，向员工证明自己是一个优秀的领导者，而员工可以受到他的感染和支持，从而更好地工作。因此，无论何种智商的管理者，都要学会在工作中慢慢彰显个人的特质，成为一个有力的领导者。

（7）支持力。

支持力是一个优秀的管理者具备的第七项特质。所谓支持力，是指管理者培养自己及其对员工的一种忠诚和奉献感。一个高智商的管理者，在公司发展方面表达自己的意见和建议时，着重于对公司目标的重要贡献。他们要求自己和员工为公司的发展尽一份自己的力量。

作为一名优秀的管理者，他们有明确的个人界限，同时审时度势，不做出有损于公司发展的事情。他们通过言谈举止就影响了其在员工心中的形象，感染其员工和同事的行为处事。因此，无论何种智商的管理者一定要学会忠诚，并凭借自己的智慧为所在的企业或者公司做出必要的贡献。

（8）勇敢。

勇敢是一个优秀的管理者具备的第八项特质。所谓勇敢，是指管理者在面对冲突时，能够巧妙地解决；在面对突发状况时，能够迎难而上，积极面对困难解决问题。面对上司和员工之间的冲突，他们可以通过各种迂回的手段来解决双方的冲突。在他们看来，公司的不团结是影响公司发展的关键。因此,他们会想方设法较早地化解冲突。

在一个高智商的管理者来看,公司内部拉帮结派是绝对不允许的。所以,他们会设法使得公司内部团结一致,一起为公司的发展努力。在面对突发状况时,他们能够利用自己的聪明才智,冷静地分析事情的前前后后,从而能够很好地化解危机,帮助公司渡过困境。因此,无论何种智商的管理者,要注重人际关系的协调以及危机的化解。一个优秀的管理者,不论是何种智商,都能够凭借自己的智慧巧妙地解决问题。

(9)热情。

热情是一个优秀的管理者具备的第九项特质。所谓热情,不仅仅是指其待人热情,而且是在工作中能够充分利用自己的智慧,抓住有效的时间,做到最大限度的利用。一个优秀的管理者,不仅仅将冲突和问题解决得最好,也能充分挖掘自己和员工的潜力和智慧。

在日益激烈的市竞争中,他们能够做一个优秀的领导,享受工作的时间,努力工作,也给其员工以表率。在激励自己不断学习工作的时候,也激励员工努力学习和工作。他们乐于影响周围的人,重视结果,努力奋斗。因此,不论是何种智商的管理者,在工作中一定要热情,要挖掘自己的潜质。只要努力了,一定可以取得成功。

(10)自信。

自信是一个优秀的管理者具备的最后一项特质。所谓特质,是指无论什么时候他们都非常自信,愿意挑战未知的风险,完成更大的成就。一个优秀的管理者,冷静并自信地制订自己的任务和目标。他们也善于挖掘他们身边人的聪明才智,帮助他们建立自信。对一名优秀的管理者而言,无论从事什么任务和工作,他们都能自信地面对。因此,无论是何种智商的管理者,都要学会自信,这样,才可以利用自己的聪明才智成就更好的自己。

总之,无论你是何种智商的管理者,无论你从事什么样的工作,一定要注重挖掘自己智慧中的潜质和能力,在自己的领域内取得成功。

4. 智商测试

近年来，伴随着社会日益发展进步以及竞争的不断激烈化，智商成为用人单位必须考核的一项内容。高等院校毕业的学生更是得到用人单位的青睐，成为进入企业的一个门槛。对于管理者而言，更应该注重自己的智商。

那么，怎么知道自己的智商属于哪种类型呢？这个问题我们可以通过下面的测试来解决疑惑。当然，无论智商的高低，我们都需要理智地看待结果。

这是一套智商测试题，请大家在45分钟内完成下面的试题。该套测试适合于11岁以上的儿童及成人智商测试。在答题的过程中你需要认真思考，找出一个最佳选项。每题5分，共30题，150分。

1.选出下面不是一类的一项。（　　）

A.龙　B.蛇　C.大树　D.猫

2.在下列分数中，选出不同类的一项。（　　）

A.2/5　B.2/7　C.2/4　D.2/3

3.如果男孩对男子，那么女孩对_____。（　　）

A.青年　B.妇女　C.姑娘　D.夫人

4.如果笔相对于写字，那么书相对于_____。（　　）

A.娱乐　B.阅读　C.学文化　D.解除疲劳

5.马之于马厩，正如人之于_____。（ ）

A.楼房   B.房屋   C.马车   D.牛棚

6.2个爸爸和2个儿子共买了3个大西瓜，而每个人都抱1个大西瓜回家，这事可能吗？为什么？

7.请写出第五个数字 212 179 146 113（ ）。

8.填上空缺的词：

金黄的头发（黄山）刀山火海 赞美人生（ ）卫国战争

9.填上空缺的字母：CFI DHL EJ（ ）。

10.选项ABCD中，哪一个应该填在"XOOOOXXOOOXXX"后面？（ ）

A.XOO   B.OO   C.OOX   D.OXX

11.961（25）432，932（___）731。请写出"___"处的数字。

12.疏影横斜水清浅，暗香浮动_____黄昏。

A.月 B.夜 C.天 D.星

13.找出下面不同类的一项。（ ）

A.少林 B.洛阳 C.武当 D.逍遥

14.经过破译敌人密码，已经知道了"香蕉苹果大鸭梨"的意思是"星期三秘密进攻"；"苹果甘蔗水蜜桃"的意思是"执行秘密计划"；"广柑香蕉西红柿"的意识是"星期三的胜利属于我们"；那么，"大鸭梨"的意思是？（ ）

A.秘密   B.星期三   C.进攻   D.执行

15.一本书的价格低了50%。现在，如果按原价出售，提高了百分之几？（ ）

A.25%   B.50%   C.75%   D.100%

16.如果所有的甲都是乙，有些乙是丙，那么，一定有些甲是丙。这一陈述是？（ ）

A.对的   B.错的   C.既不对也不错

17.哥哥今年15岁，他的年龄是妹妹年龄的3倍。当哥哥的年龄是妹妹年龄2倍时，哥哥几岁？（ ）

A.18岁　B.20岁　C.24岁　D.26岁

18.火车守车（车尾）长6.4米。机车的长度等于守车的长加上半节车厢的长度。车厢长度等于守车长加上机车长。火车的机车、车厢、守车共长多少米？（　）

A.25.6米　B.36米　C.51.2米　D.64.4米

19.小明、小丽、小红、小刚共买了苹果144个。小明买的苹果比小丽多10个，比小红多26个，比小刚多32个。小明买了多少个苹果？（　）

A.73　B.63　C.53　D.43

20.小芳有12枚硬币，共3角6分钱。其中有5枚硬币是一样的，那么这5枚一定是？（　）

A.1分的　B.2分的　C.5分的　D.不知道

21.全班学生排成一行，从左数和从右数你都是第15名，问全班共有学生多少人？（　）

A.15　B.25　C.30　D.29

22.打满水缸要11桶水。刘慧每次只能提两桶水，要打满水缸他需要走（　）趟？

A.5　B.6　C.8　D.7

23.沃斯比乔丹大，麦瑞比沃斯小。下列陈述中哪一句是正确的？（　）

A.麦瑞比乔丹大　B.麦瑞比乔丹小　C.麦瑞与乔丹一样大　D.无法确定

24."预杉"对于"须杼"相当于8326对于_____。（　）

A.2368　B.6238　C.6328　D.3628

25.找出下列数字中多余的一个。（　）

4　5　8　10　11　16　19　32　36

26.在括号中填一字，使这字与括号外面的字分别组成两个字：古（　）巴

27.如果所有的甲是乙，没有一个乙是丙，那么，一定没有一个丙是甲。这句话是？（　）

A.正确　B.错误　C.既不正确也不错误　D.不知道

28.找出与众不同的一个。（　）

A.鸡　B.鹅　C.鸭　D.鹤

29.樱桃对于红相当于牛奶对于什么？（　）

A.湿　B.冷　C.白　D.甜

30.女儿对于父亲相当于侄女对于什么？（　）

A.侄子　B.表兄　C.叔叔　D.母亲

参考答案：

1.C　2.C　3.B　4.B　5.B　6.可能，这三个人分别是儿子、爸爸、爷爷（爸爸的爸爸）　7.80　8.美国　9.O　10.B　11.25　12.A　13.B　14.C　15.D　16.B　17.B　18.C　19.C　20.C　21.D　22.B　23.D　24.C　25.11　26.月分别和古、巴组成胡和肥　27.A　28.D　29.C　30.C

如果你的总得分在140分以上，那么你就是天才；得分在120~139之间，属于优秀智商；得分在110~119之间，属于中上智商；得分在90~109之间，属于中等智商；得分在80~89之间，属于中下智商；得分在70~79之间，属于临界智商；得分在70以下，属于低下智商。

任何一名优秀的管理者，在用人、统筹企业规划和发展时，都注重培养自己的注意力、观察力等能力，培养自己在管理中的特质。无论你是一名世界五百强企业的领导，还是普普通通小公司的领导，都要注重智商在管理中的作用和价值。它不仅影响了一个人，更影响了一个企业。当然，我们大多数人的智商基本上都差不多，因此我们应该学会理性地看待自己的职业。只要管理者在管理岗位充分运用自己的智商，每个人都会自己的领域内取得成功。

第九章
人格测试

人格，是在整合人类心理特征的基础上一个相对稳定的结构组织，是影响一个管理者选择何种管理职业，成就大事的关键。

1. 人格类型

所谓人格，是指每个人经过长时间在社会环境中生存的基础上，所表现出的一种独特的行为和思维模式等相对稳定的特征，是每个人区别于他人的特征之一。在心理学上，人格也称之为"个性"，用来指人与人之间的个体差异。

一般而言，人格包括两部分。一是性格。性格是个体心理特征核心的部分，它是一个人相对稳定和习惯处事方式反映出来的特质，其从本质上反映了个体的特征。二是气质，气质作为一个人经常表现出来的稳定的心理特征，主要是指我们所说的脾气和秉性，同时它给我们的性格也打上了各种标签。气质和性格的人构成了人格。不同气质和性格的人因而人格不完全相同。人格，更明确地说，是指每个人在先天生理素质的基础上，在一定的家庭和社会环境下，通过生存和交往逐渐形成的相对稳定的个人心理特征综合。

人格作为人的心理特征的综合，具有独特性、稳定性、综合性和功能性特征。人格是在遗传、教育、社会环境等因素的共同作用下形成的。因此，人们之间的人格特征并非完全相同。但是，这并不是说人格没有共同点。人格的独特性既包括人与人之间不同的心理特点，也包括人与人之间在心理、言谈举止方面的相同之处，诸如每个民族在心理上的共同点。

人格是共性与个性的统一体。所谓稳定，是指人格作为一个人稳定的心理特征，并非一成不变。由于受到多方面因素的影响，人格也有着相应的变化，它具有可塑性，是稳定性与可塑性的统一体。所谓综合，是指人格是我们个性素质的综合体。人格受到我们人体本身自我意识的控制，是衡量心理素质的一项指标。当我们各项素质运转合理时，人格就是健康的。否则，就会适得其反，影响我们的生活和事业。所谓功能，是指人格可以决定生活方式，决定我们的工作，甚至可以决定命运，在很大程度上是成功的源头。当面对困难和挫折时，坚强者能奋起拼搏，而懦弱者则一蹶不振，这就是人格的功能和作用。

美国著名的心理学家霍兰德根据人的心理素质和择业倾向，创立了人格类型理论，将人格分为六种类型。他认为人格是决定一个人选择何种职业的重要因素。其人格理论的实质在于择业者的人格特点与职业类型的适应。在竞争的职业环境中，每个人可以根据自己的人格特点选择适合自己的职业，这样可以尽力发挥自己的优势，愉快地工作，获得人生的价值。他根据个人职业选择分为六种 "人格类型"，即现实型、研究型、艺术型、社会型、企业家型、传统型；工作性质也分为六种：现实性的、调查研究性的、艺术性的、社会性的、开拓性的、常规性的。

（1）现实型。现实型人格的人，喜欢从事操作性强的职业，做事灵活，不善言辞和交际。这类人适合从事操作性强的职业，不适应社会性质的职业。

（2）研究型。研究型人格的人，知识渊博，求知欲强，善于思考，有很高的学识。这类人适合从事科学研究和科学实验工作。

（3）艺术型。艺术型人格的人，极具艺术天赋和才华，善于发挥自己的想象力和创造力。这类人适合从事艺术设计职业和工作。

（4）社会型。社会型人格的人，极具有奉献精神，善于人际交往和合作。这类人适合从事服务行业、教育行业等工作。

（5）企业家型。企业家型人格的人，喜欢冒险，有领导魄力，善于社交。这类人适合从事领导及企业性质的职业。

（6）传统型。传统型人格的人，工作认真严谨，稳重，有效率。这类人适合从事办公室人员、出纳等职业。

不同的人格类型适合从事不同的工作，他们有的善于交际，有的是知识型储备人才，有的喜欢冒险，有的中规中矩。当然，在现实生活中，我们每个人都并不是纯粹的某种人格，我们都介于几种人格之间，或者某种人格在我们身上表现得更为突出而已。因此，我们应该理性地看待我们的人格。而对于一名管理者而言，如何发挥自己人格中潜在的优势，减少人格中的劣势，使人格的特征更加符合工作的发展需要就显得尤为重要。

某公司因业务发展需要，招聘多个职位。在面试时，面试官让应聘人员自己陈述自己之前的职业，以及自己的优势和劣势。

A陈述自己是工程师，主要从事一些技术性工作，自己喜欢从事一些动手操作能力强的工作，不太善于言辞；B陈述自己是某研究所的研究人员，知识渊博，喜欢探索未知的领域，注重理论探索，不喜欢从事动手能力强的工作；C说自己是某公司的艺术设计人员，因其丰富的想象力和创造能力为公司设计了众多作品，但有时追求完美，不太注重实际；D说自己是某服务公司的人员，他本人是一个喜欢服务于他人的人，善于人际交往和合作；E说自己是某公司的中层领导，自信，喜欢社交，喜欢领导他人努力奋斗；F说自己是某公司的总经理秘书，工作严谨、认真，但做事情可能太过中规中矩。

应聘官鉴于以上6人的陈述，给予了他们不同的职位。A是现实型的人，安排他在公司的技术部门；B为研究型的人，安排他为公司研发新产品；C为艺术型的人，安排他在公司的艺术设计部门；D为社会型的人，安排他在公司的客服部门；E为企业家型的人，安排他担任公司的中层领导人员；F为传统型的人，安排他在公司的办公室任职。

从上面的案例可以看出，应聘官在招聘人才、安排职位时，就应聘者的人格中的优势和劣势给予了一定的分析和评价。他能够做到充分发挥员工人格中潜在的特质给予他们不同的职位。这样的举措一方面使得应聘者的人格符合其工作的发展需要，也更加有利于公司的发展和进步，为公司进一步拓宽其业务做好了准备，奠定了基石。

人格在我们的生活和工作中起了如此至关重要的作用。因此，我们每一个人都需要培养健全的人格。健全的人格不仅仅有利于我们生活中家庭的美满，而且也利于我们工作中事业的进步和发展。无论你是一名管理者，还是一名员工，第一，都要有清晰的自我认知，清楚自己的人格。第二，无论何时，我们都要充满自信。人格没有好坏之分，而是看你怎么利用它。第三，保持自尊自爱。在生活和工作中，一定要保持我们的自尊心，反对他人践踏我们人格的行为。第四，要有一定的自制力。第五，保持乐观向上的心态。这可以使得我们胜不骄，败不馁。

　　健全的人格不仅仅有利于我们个人的身心素质和发展，而且在团队的建设和发展中也起着至关重要的作用。作为一名领导，不仅仅要培养自己健全的人格，更应该注意员工的人格倾向。只有这样，公司上下才能合力为公司发展做出努力。公司在面对困难时，领导者才能积极调动员工，给予他们不同的安排，上下一心，摆脱困境。因此，管理者一定要注重人格在工作中的影响和作用。

2. 人格特征

不同的人格类型有不同的特征，每个人都有自己人格中的优势和劣势。作为一名管理者，良好的人格非常重要。

（1）现实型人格。

人格特点：现实型人格的人，喜欢使用工具且对操作能力要求高的工作，动手能力强。

人格优点：现实型人格的人，手脚灵活。在家庭生活中，他们多扮演贤妻良母或者优秀丈夫的角色。他们动手能力强，不拘泥于理论知识，喜欢用实际操作能力来证明自己。在他们看来，实践出真知。因此，他们不喜欢从事很枯燥无味的工作。

人格缺点：现实型人格的人，不善言辞，不喜欢交际，导致其在工作中圈子很小，在一定程度上阻碍了其职业晋升的机会。这是现实型人格的人一定要注意的一点。

适合职业：这类人适合从事有规则的具体劳动和需要操作技能的工作。诸如各种工程技术、测绘、描图、机械操作、木工、电工、维修安装工人等等。

（2）研究型人格。

人格特点：研究型人格的人，喜欢钻研知识，学识渊博，喜欢思考探索。

人格优点：研究型人格的人，大多睿智、理性。他们对事物充满好奇心，喜欢探索未知的事物，能够对非常抽象、复杂的事物进行有条理地分析。做一件事情之前，喜欢动脑筋，善于思考，喜欢独立并富有创造性的工作。这类人大多求知欲强，无论从事何种职业，都能看到他们的办公桌上有很多书籍。他们对自己和他人严格要求，对事情的准确度和精确度要求很高。

人格缺点：此类人格的人，做事情太过要求准确导致有些拖沓。这类人喜欢思考，因而他们注重理论而不愿意从事动手能力特别强的工作。在领导方面，他们有时不善于领导他人。

适合职业：适合此类人格的人的典型职业是科学研究人员、教师。他们比较适合做科学研究和科学实验工作。诸如实验室的研究人员、科学家、冶金电子等方面的工程师都是比较适合他们的职业。

（3）艺术型人格。

人格特点：艺术型人格的人极具艺术天赋和创造能力，善于想象，喜欢艺术创作和设计。

人格优点：艺术型人格的人喜欢通过各种形式的艺术创作和作品来展示自己的才能。对于他们而言，艺术是生活的源泉和价值。他们乐于通过自己的艺术创作能力来表达自己的个性。在工作中能够创造出与众不同、新颖的艺术作品。

人格缺点：艺术型人格的人有时太过理想化，不太注重事情的实际发展和效益。他们对任何事情要求有时太过完美。在处理一些事情时，他们会按照自己的情绪来，太过情绪化。

适合职业：适合此类人格的人的典型职业是艺术创造和文学创作。诸如，艺术设计师、艺术创作、广播电视编导、主持人、作家等都是不错的选择。

（4）社会型人格。

人格特点：社会型人格的人极具奉献精神，乐于助人，喜欢从事服务行业。

人格优点：社会型人格的人有着极强的为他人服务的意识，关心并积极参与社会问题，希望通过自己的作用引起人们的广泛关注。他们时时刻刻履行着自己职业要求的义务，并注重社会道德。这类人待人友善，乐于助人，对事情负责。他们喜欢与他人合作完成一件事情，人际关系很好，同时又善于言谈，洞察能力强，能够教导他人。

人格缺点：社会型人格的人有时太过于关注他人的利益而忽视了自己的身体健康。他们做事情有时圆滑，有时让人捉摸不定。

适合职业：适合此类人格的人的典型职业是教育工作者和社会工作者。诸如，教师、客服、公关人员、医护人员、行政人员等都比较符合该类型人格的特点。

（5）企业家型人格。

人格特点：企业家型人格的人喜欢冒险，善于领导，喜欢领导职业。

人格优点：企业家型人格的人有着很高的领导能力，喜欢从事难度大、任务重的工作。他们有着不同于他人的领导才能。这类人格的人做事情精力充沛，有干劲，时刻充满自信，善于交际，并建立不错的交际网络。他们能够快速适应激烈的现代化竞争，并喜欢和他人竞争。

人格缺点：企业家人格的人太注重名誉、权力和地位。为了这些，有的时候手段过于偏激。他们有得时候野心太过强大而使自己迷失了方向。

适合职业：适合此类人格的人的典型职业是政府官员、企业领导等等。诸如，企业家、商人、行政部门的领导以及管理人员都是比较适合此类人格的职业。

（6）传统型人格。

人格特点：传统型人格的人做事认真严谨，工作中踏实可靠，喜欢做有计划性的工作。

人格优点：传统型人格的人做事认真严谨，工作高度负责。他们注重实际发展。此类人格的人大多稳重，并且做事情有效率。他们喜欢做有计划、有准备的工作。习惯接受他人的智慧和领导。

人格缺点：传统型人格的人做事情有时太过中规中矩、按部就班，太过保守。他们不太喜欢难度比较大的任务和工作，也不愿意展示自己的才华。比起做一个风光的领导者,他们更喜欢默默无闻地工作。

适合职业:适合此类人格的人的典型职业是秘书、图书馆管理人员、出纳等。与文件档案、数据相关的职业是传统型人格的人的最佳选择。

不同人格的人有不同的特征,有自己人格中潜在的优势和弱势,也有适合自己的最佳职业。虽然在现实生活中,我们的人格存在介于几种人格之间的现象,但这个也不是特别影响我们的职业选择。在审视自己时,我们要看哪一种人格类型在个人身上展现得更为突出。根据霍兰德的人格类型理论,每个人在选择职业时,最理想的情况是个体的人格符合职业环境的需要。一个人找到与其人格类型相符合的工作,会热爱这份职业和工作,并尽最大的能力展示自己的才能。因此,每个人都要注重人格在职业选择时的重要性。一份适合自己的工作,不仅仅可以使得自己每天开心地面对生活和事业,更能使得我们努力工作,在自己的领域内有自己的成就。

对于一名管理者而言,无论你是何种人格类型,都要对自己做相对清晰的认知和判定。在当今社会中,每个人都渴望成功。对于管理者而言,如何因势诱导,如何做一名的优秀的管理者则至关重要。管理者必须清楚的是,一个成功的企业的背后在于领导者,在于员工。因此,每个管理者都应注重人格在管理当中所发挥的影响和作用,培养良好的人格在管理中有着不可替代的作用。

3. 人格类型与管理

人格决定了我们的生活、工作方式以及职业选择等方面。而对于一名管理者来说，人格影响了他们如何用人、如何成为一名优秀的管理者，如何成就一个优秀的企业。

（1）现实型人格。现实型人格的管理者在工作中注重理论的实践效果。他们会鼓励员工将理论付诸实践，注重工作的过程及结果。在此类人格的管理者看来，任何所谓方案的理论都必须在实践操作中才能知晓成功与否。他们本身就是一个操作动手很强的领导者，喜欢将更多的理论运用到实践当中去。

在公司的决策方面，现实型人格的管理者能够随着事情的进展做出相应的改变，因而其决策更加符合于当下的发展要求。但是，现实型人格的管理者不善于言谈和人际交往。这就导致他们在公司遇到困难时，不能够利用自己的人际关系来解决问题。而且上司也不足够了解员工，上司和员工之间的距离太远，默契度不够。

（2）研究型人格。研究型人格的管理者在工作中更加注重理论。在他们看来，理论知识对于自己本身和员工来说是必备的东西，经常要求自己和员工在工作中要时刻给自己充电。

此类管理者喜欢思考、洞察能力强，善于观察，在为公司做出一定的决策时，他们能够结合相应的理论知识来整体规划公司的发展和前景。但是，他们有时太过注重理论，导致做出决策相对较慢，在公司遇到危急关头时，不能迅速地做出相应的对策，所做出的决策有时与当下脱轨。此外，他们不太喜欢操作性比较强的职业。这两点都是研究型人格的管理者必须要注意改进的。

（3）艺术型人格。艺术型人格的管理者在工作中能够发挥自己的想象力和创造力做出与众不同的东西。他们鼓励员工发挥自己独特的创造力来为公司发展做出相应的贡献，希望自己的员工不拘泥于当前的发展，鼓励员工有自己的个性和特色。

此类人格的用人者，讲究实效，讲究与众不同。但是，艺术型人格的用人者太过追求艺术和完美，如果员工在完成任务时达不到要求，他们就会一直要求员工反复做这份工作。有时，对员工太过苛刻。在公司决策方面，他们有时太过冲动，情绪化，这就不可避免地导致决策的失误。这是此类人格的用人者要尽量避免的一点。

（4）社会型人格。社会型人格的管理者在工作中是一个责任心极强的领导。此类人格的用人者有着很强的奉献精神，履行自己的义务。他们渴望用自己的行动来影响同事和员工。这类人善于交往，有着不错的人际关系。

他们善于言谈，口才极佳，待人亲和友善，团队协作能力强。在公司遇到危机时，能够利用自己的人际关系，与员工精诚合作，帮助公司渡过困难。他们是令员工敬佩的对象。但是，此类性格的人为了工作有时不顾自己的身体承受能力，是个典型的工作狂。他们言谈举止有时太过圆滑，让人捉摸不定。

（6）企业家型人格。企业家型人格的管理者是一个优秀的领导者。此类性格的用人者有领导的才能和魄力。无论从事何种管理职位，他们都能脱颖而出，成为领导者中的翘楚。这类管理者做事充满自信、善于鼓舞员工，带领员工努力奋斗。

在公司创业初期，企业家型人格的用人者必能带领公司取得不错的业绩。他们善于处理各种人际关系，人际关系网络极佳。在公司决策时，他们能够高瞻远瞩，做出相应的规划。在面对困难时，他们能够不屈不挠，彰显出强者的风范。但是，企业家型人格的用人者，有时太过追求名誉、财富和地位。这就导致这种人格的管理者在管理员工和发展企业时可能会采取一些不光彩的手段。这是企业家型人格的管理者必须要注意的一点，否则就会误入歧途。

（7）传统型人格。传统型人格的管理者在工作中做事认真严谨，高度负责。他们做事有计划，喜欢一步一步、脚踏实地地做一些事情。此种人格的管理者不喜欢张扬，他们喜欢默默无闻地工作。

这种人大多成熟稳重，做事情精确并且效率较高。但是，此类人格的管理者比较喜欢听从他人的领导，而不太善于管理自己的员工。他们不喜欢冒险，也不喜欢从事任务重、难度大的工作。而且这类人格的管理者做事情有时太过按部就班，导致公司在遭遇危机时，不能巧妙地化险为夷。传统型人格的人，如果作为管理者，就需要摒弃不想管理人的观念。有才华就一定要展示自己，否则会导致本属于你的成功被他人夺取的现象。

无论你是何种人格类型的管理者，在管理方面都有自己的优势和劣势。但是一名优秀的管理者，懂得规避人格在管理中的缺陷，尽最大可能地发挥自己人格中的优势。

小芳是某公司中层职能部门的领导，她充满自信、做任何事情都充满干劲。无论是公司拓展新项目，还是公司遭遇债务危机，她都能够带领自己部门的员工做出自己贡献。她不仅仅得到上级领导部门的认可，也能受到其下属的肯定和赞赏。因其不错的业绩连续三年被评选为"优秀员工"。小芳很清楚自己是个领导型人才。但是，因为公司上层部门职位没有空缺，她想晋升是难上加难的事情。

起初，她也曾想过各种办法，诸如给上层领导部门送礼等措施，但是她发现这于事无补。她还是原来的职位，没有丝毫变动。在经过一番周折后，小芳终于明白，自己本身是一个领导之才，但是太过追求地位，以至于自己迷失了方向。其实，在哪里工作都是一样的，只要扎实苦干，也能获得成功，获得自己人生的价值。

后来，小芳在自己的岗位上勤勤恳恳，继续带领自己的属下努力工作，并与自己的同事和下属处理好人际关系。无论什么时候，她都为公司发展建言献策。她相信终有一天命运会眷顾她的。有一次，公司举行了一次提拔中层领导选举会议，小芳因为出色的领导才能而成功地晋升。她也成为一名优秀的管理者。她最后才明白，其实权力、职位都不重要，只要自己努力了，是金子总会发光，每个人都能实现自己的价值。

　　从上面的事例可以看出，小芳应该是企业家型人格，她之所以能成为一个优秀的管理者的原因在于她能够正视自己人格中的优势和劣势，懂得规避劣势。因此，我们无论是何种人格的用人者，都要学会正视自己，正视自己人格中的优势和劣势，只有这样，才能成就一名优秀的管理者。人格并没有对错之分，关键是看管理者如何利用其人格，使得人格更加符合工作和管理的需要。这是身为一名优秀的管理者必须要注意的。

4. 人格测试

霍德兰认为，人格影响了我们的职业抉择。每个人在进行职业抉择时，最佳状况是使人格符合工作的环境和需要。选择了正确的职业，才能使得我们身心愉悦地进行工作，使得工作更加有效率，更好地成就我们自己人生的辉煌。对于一名管理者更是如此。那么，这就需要我们对自己的人格有一个比较清晰的了解。

你属于我们之前提到的哪种人格？你的人格中有哪些优势和劣势？你适合从事哪些工作？面对这些问题，我们可以通过下列的测试来解决疑惑。此测试的目的是发现最真实的自己，找到最适合自己的工作。

先尝试回答下面的问题：A选项非常同意，请打5分；B选型比较同意，打4分；C选项差不多，打3分；D选项有点同意，打2分；E选项不同意，打1分。

1.强壮而敏捷的身体对你的工作很重要。
A.非常同意　B.比较同意　C.差不多　D.有点同意　E.不同意
2.你是一个很爱做实验的人。
A.非常同意　B.比较同意　C.差不多　D.有点同意　E.不同意
3.你很爱创作设计。
A.非常同意　B.比较同意　C.差不多　D.有点同意　E.不同意
4.你是一个有奉献精神、乐于助人的人。
A.非常同意　B.比较同意　C.差不多　D.有点同意　E.不同意

5.你很自信你做事情能成功。

A.非常同意　B.比较同意　C.差不多　D.有点同意　E.不同意

6.你喜欢做事情前有详细的计划。

A.非常同意　B.比较同意　C.差不多　D.有点同意　E.不同意

7.你对装配修理电器或玩具感兴趣。

A.非常同意　B.比较同意　C.差不多　D.有点同意　E.不同意

8.你认为学无止境,一定要学习足够的理论知识。

A.非常同意　B.比较同意　C.差不多　D.有点同意　E.不同意

9.你对欣赏音乐剧、话剧感兴趣。

A.非常同意　B.比较同意　C.差不多　D.有点同意　E.不同意

10.你非常关注孤寡老人等弱势群体。

A.非常同意　B.比较同意　C.差不多　D.有点同意　E.不同意

11.你喜欢做领导干部。

A.非常同意　B.比较同意　C.差不多　D.有点同意　E.不同意

12.你对整理信件、报告、记录等文件感兴趣。

A.非常同意　B.比较同意　C.差不多　D.有点同意　E.不同意

13.你喜欢从事园艺设计师、公交车司机等工作。

A.非常同意　B.比较同意　C.差不多　D.有点同意　E.不同意

14、你对物理、化学感兴趣。

A.非常同意　B.比较同意　C.差不多　D.有点同意　E.不同意

15.你的文采极好,能写得一手的好文章。

A.非常同意　B.比较同意　C.差不多　D.有点同意　E.不同意

16.你经常参加一些志愿活动。

A.非常同意　B.比较同意　C.差不多　D.有点同意　E.不同意

17.你喜欢组织一些大型的活动。

A.非常同意　B.比较同意　C.差不多　D.有点同意　E.不同意

18.你对打字培训班感兴趣。

A.非常同意　B.比较同意　C.差不多　D.有点同意　E.不同意

19.你认为理论的东西一定要付诸实践。

A.非常同意　B.比较同意　C.差不多　D.有点同意　E.不同意

20.你能够比较熟练地使用显微镜。

A.非常同意　B.比较同意　C.差不多　D.有点同意　E.不同意

21.你总是能够发挥自己的想象力,设计出与众不同的东西。

A.非常同意　B.比较同意　C.差不多　D.有点同意　E.不同意

22.你非常喜欢照顾小孩子。

A.非常同意　B.比较同意　C.差不多　D.有点同意　E.不同意

23.你有当过班干部的经历而且工作完成得很好。

A.非常同意　B.比较同意　C.差不多　D.有点同意　E.不同意

24.你对写策划书很感兴趣。

A.非常同意　B.比较同意　C.差不多　D.有点同意　E.不同意

25.你对开汽车或开摩托车感兴趣。

A.非常同意　B.比较同意　C.差不多　D.有点同意　E.不同意

26.你能够解释生活中的一些化学现象。

A.非常同意　B.比较同意　C.差不多　D.有点同意　E.不同意

27.你对练习书法很感兴趣。

A.非常同意　B.比较同意　C.差不多　D.有点同意　E.不同意

28.你经常邀请人做客,善于言谈,并与人友善。

A.非常同意　B.比较同意　C.差不多　D.有点同意　E.不同意

29.你对参与政治活动感兴趣。

A.非常同意　B.比较同意　C.差不多　D.有点同意　E.不同意

30.你喜欢做人口普查登记员。

A.非常同意　B.比较同意　C.差不多　D.有点同意　E.不同意

31.你能看懂建筑设计图。

A.非常同意　B.比较同意　C.差不多　D.有点同意　E.不同意

32.你是个多才多艺的人。

A.非常同意　B.比较同意　C.差不多　D.有点同意　E.不同意

33.你对科学技术杂志很有兴趣。

A.非常同意　B.比较同意　C.差不多　D.有点同意　E.不同意

34.你善于观察、体贴和帮助他人。

A.非常同意　B.比较同意　C.差不多　D.有点同意　E.不同意

35.你喜欢做国家公务人员。

A.非常同意　B.比较同意　C.差不多　D.有点同意　E.不同意

36.你经常精打细算、喜欢检查个人的收支情况。

A.非常同意　B.比较同意　C.差不多　D.有点同意　E.不同意

37.你喜欢从事一些动手操作能力强的工作,不喜欢枯燥无味的工作。

A.非常同意　B.比较同意　C.差不多　D.有点同意　E.不同意

38.你经常参加一些学术会议。

A.非常同意　B.比较同意　C.差不多　D.有点同意　E.不同意

39.你喜欢从事演艺行业。

A.非常同意　B.比较同意　C.差不多　D.有点同意　E.不同意

40.你喜欢参加辩论会。

A.非常同意　B.比较同意　C.差不多　D.有点同意　E.不同意

41.你做任何事情都充满活力和热情。

A.非常同意　B.比较同意　C.差不多　D.有点同意　E.不同意

42.你会使用算盘,并喜欢做出纳。

A.非常同意　B.比较同意　C.差不多　D.有点同意　E.不同意

43.你认为做事情要一切从实际出发,不要拘泥于理论。

A.非常同意　B.比较同意　C.差不多　D.有点同意　E.不同意

44.无论是在家里还是在办公室,你都有很多书。

A.非常同意　B.比较同意　C.差不多　D.有点同意　E.不同意

45.你是一个追求完美的人。

A.非常同意　B.比较同意　C.差不多　D.有点同意　E.不同意

46.你喜欢用自己的热情来感染周围的人。

A.非常同意　B.比较同意　C.差不多　D.有点同意　E.不同意

47.你比较看重名誉、财富和权力。

A.非常同意　B.比较同意　C.差不多　D.有点同意　E.不同意

48.比起做领导，你更喜欢接受别人的领导。

A.非常同意　B.比较同意　C.差不多　D.有点同意　E.不同意

把第1、7、13、19、25、31、37、43题的得分相加，即为你"现实型人格"的分数。

把第2、8、14、20、26、32、38、44题的得分相加，即为你"研究型人格"的分数。

把第3、9、15、21、27、33、39、45题的得分相加，即为你"艺术型人格"的分数。

把第4、10、16、22、28、34、40、46题的得分相加，即为你"社会型人格"的分数。

把第5、11、17、23、29、35、41、47题的得分相加，即为你"企业家型人格"的分数。

把第6、12、18、24、30、36、42、48题的得分相加，即为你"传统型人格"的分数。

如果你有某一项分远远高于其他几项，你就是典型的这种人格；如果你有两项高于其他几项，你就是这两种人格的综合，依次类推。必须强调的是，人格没有好坏之分，关键是看你怎么对待人格，怎么来看待你人格中的优势和劣势。

作为一名管理者，在清楚认知自己人格的同时，要对员工的人格有一定的了解。这样，你才能知人善任，给予他们不同的职位。这是一名优秀的管理者所具备的能力。在了解自己人格的基础上，才能因势利导，成为一名优秀的管理者，为企业的发展做出自己的贡献的同时，成就自己人生的辉煌。

下 篇
优秀管理者的日常训练

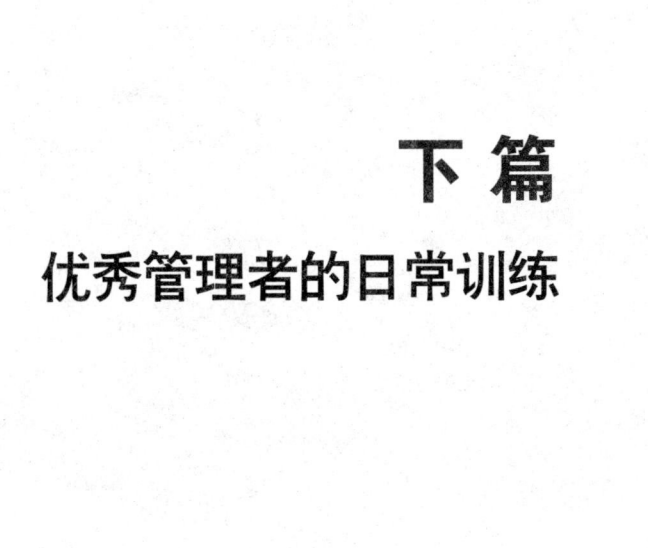

第十章
管理者的定格：管理方格理论个性化

> 莫顿在1964年出版的《管理方格》一书中提出了"管理方格理论"。"管理方格理论"是研究管理者领导方式和有效性的理论。这本书指出每个管理者都有不同的管理方法。管理者通过反思其他的管理者的管理方法产生的后果来完善自己。所以，管理者应该学会完善自己的管理方法，让企业更好地运作下去，赢得更大的经济效益。

1. 你的管理特色是什么

一般而言，管理者的领导与管理对企业的运营与发展是至关重要的。管理者在管理企业的过程中会逐渐形成自己认为行之有效的管理方式和管理方法，并形成管理者自己的管理特色。

企业管理者的管理方式是企业能否在市场经济的大潮中保持长盛不衰的关键性因素，同时也能够让员工增加对企业的心理认同感。所以，作为企业的管理者在逐渐形成自己的管理特色的同时，也要不断地思考自己的管理特色的优势是什么，反思自己的管理方式存在着哪些不足。

为此，管理者必须要明确自身的管理特色是什么，不断加强管理者的自我管理，形成独特鲜明的管理方式。管理者的管理特色是企业员工对企业认同的一种方式，是企业员工热情地投入到工作当中去的催化剂。因此，管理者的自身的管理特色也是吸引高端人才的有效方式。有鲜明的管理特色，才能够做到"桃李不言，下自成蹊"，企业才有可能做大做强。

所以，作为企业应该逐步完善自己的管理特色，在企业管理的过程中，管理者首先要进行自我管理，只有管理好自己才能管理好整个公司。优秀的管理者总是根据企业的发展阶段来转变自己的策略，让自己的管理特色更加有利于企业的发展。

华为公司，1987年在中国深圳正式注册成立，在不到三十年的发展的过程中，它的产品涉及有线与无线各个领域，发展的成绩是很显著的。在2015年，华为公司被评为新浪科技2014年度风云榜年度杰出企业。当然，华为的一切成就离不开华为总裁任正非的不懈努力。任正非的管理方式也是值得我们借鉴的。他的管理方式最大的特点根据企业发展的不同的阶段来调整自己的管理的策略。

第一阶段（1988~1995），草创阶段。

任正非带领华为企业不断奋战，打败了很多跨国企业，逐步占领了中国市场，华为公司在这一阶段发展为一个中型企业。在企业发展的这一阶段中，任正非了解熟悉中国的国情，特别是了解中国的市场经济的发展情况。在这个阶段，任正非遵循的是"普遍客户"的原则，与客户成立很多的合资公司，不放过任何一个潜在的客户。这就为以后的发展注入了比较大的力量源泉。

第二阶段（1995~1998），基本法阶段。

随着华为公司的逐步发展，人员规模的不断扩大，同时华为面临越来越多的管理问题，而且问题与问题之间错综复杂，靠管理者在华为初创阶段的管理策略无法解决当时面临的问题，企业想要发展的可能性是微乎其微的。所以，任正非组织公司人员，经过反复磋商，出台了《华为基本法》。《华为基本法》的核心就是拥有一颗热心，鼓励员工用一颗爱心来面对庞大的组织管理方面的问题，让企业的员工积极地投入到所在的工作岗位，调动员工的生产积极性，从而解决了这一阶段所出现的问题。

第三阶段（1998至今），管理西化阶段。

因为《基本法》达不到预期的效果，而华为的人员规模、销售额更加庞大，任正非也发现了很多的问题："华为由于短暂的成功，员工暂时的待遇比较高，就滋生了许多明哲保身的干部。他们事事请示，僵化教条地执行领导的讲话，生怕丢了自己的乌纱帽。"另一方面华为开始大规模进军海外市场，试图成为一家跨国公司，所以任正非急于找到能够帮助华为提升管理能力、培养管理人才的办法。在寻求中国的管理咨询顾问帮助失效后，任正非把目光投向了海外，耗费巨资，积极争取与世界各大企业的通力合作。

正是由于任正非根据企业的不同发展阶段来调整自己管理公司的策

略，才使得华为公司能够在中国的通讯领域占有一席之地，所以我们有理由相信华为公司一定会得到更大的发展。

总之，管理者一定要形成自己的管理方式，并且要经常反思自己的管理方式是否适合企业的发展。不适合企业发展的管理方式要及时进行改进，逐步形成自己的管理特色。管理者要注意自己的管理方式要和企业的发展阶段相适应，这样才能够完善自己的管理特色。所以，不仅仅要体现与其他的管理方式不同的一方面，而且还根据企业发展的内外的客观环境来适时改变自己的管理方式。

事实上，如果管理者不经常审视自己的管理方式，总是按照一种方式管理；或者不考虑企业发展的客观环境，那么企业的发展必然会遇到困境，企业的发展也可能遇到终极危机。在中国古代的君主的身上我们也可以得到很多的启示。

秦国在战火纷飞的战国时期能够做到一枝独秀，并且在最后建立其大秦帝国，统一中原文化，这一切都是和君主的管理国家的方式密不可分的。

当然，这一切都要归功于秦孝公嬴渠梁的"商鞅变法"。秦孝公重用商鞅在秦国境内进行了变法，给秦国的上上下下进行了大换血。这次的变法的好处可以一袭延续到秦始皇建立秦朝。那么，商鞅变法为什么能有如此之大的功效呢？

这一切都是因为秦孝公敢冒天下之大不韪，他在变法中触及到了地主阶级贵族的利益，从而保证了农民能够耕种土地。所以，秦国重用商鞅进行变法能够震撼到其他的几个国家，之后的秦朝能够建立如此之丰功伟业也是在情理之中。

现在想想，秦国乃至秦朝的成功都是因为国君审视自己的管理方式存在着问题，所以改变自己的管理国家的方式。并且这种管理方式既不同于其他的国家，又不与前任国君的管理国家的方式相同。不仅一个国家要学会改变自己的管理方式，一个企业的领导者更应该不断反思自己的管理方式。一个成功的企业的领导者应该扪心自问自己在管理过程中是否存在问题，是不是需要改变。

当然，管理者管理企业的方式特色的形成并不是一蹴而就的，这也需要管理者不断地学习和积累相关的管理经验。在这之前最重要的就是领导者学会进行自我管理。也就是说管理者对自己本身、对自己的目标、思想、心理和行为等表现进行的管理，自己把自己组织起来，自己管理自己，自己约束自己，自己激励自己，最终实现自我奋斗目标的一个过程。总之，管理者的自我管理是管理企业的重要前提。一个不会进行自我管理的领导是不可能把企业管理好的，管理者首先要学会的是把自己塑造成功。

给管理者的忠告

管理者要学会进行自我管理，在自我管理的同时不断地提升自身的潜力。把自己塑造成一个合格的管理者应该具有的形象。

管理者还应该根据企业发展的内外客观环境调整自己的管理策略，学会借鉴同行业领域的管理方式和管理经验。最重要的一点就是与时俱进，大胆积极地用创新的思维方式来管理企业，调整自己的管理方式。这样企业的领导者才能够形成别具一格的管理方式，才更有利于企业的运行与发展。

2. 只做自己应该做的事

　　一个企业往往会拥有庞大的人事组织关系。对于企业的管理者来说，企业中的每一个员工在工作关系上都隶属于管理者，但是管理者不可能做到事无巨细、面面俱到。所以，对于管理者来说，最有效的管理方式应该是只需要做好自己的本职工作。

　　《韩非子》中有这样一句话："群臣守职，百官有常，因能而使之，是谓习常。故曰：寂乎其无位而处，漻乎莫得其所。"作为管理者的本职工作就是根据下属的能力来分配给下属不同的工作，这样下属才能够各尽其才，企业才能够正常运行。这就说明，管理者做好了自己的本职工作，才是管理企业的最好方式。

　　太平洋建设集团有限公司创始人严介和曾经说过："厨房里的油瓶倒了，我肯定不会去扶的，会扬长而去。事后追究责任，查找是谁负责这个厨房，谁放置了这个油瓶，这样可以提高厨房管理质量。"这也再次说明了，作为企业的管理者首先要明白自己该做的事情是什么，管理者只做自己该做的事情，不要插手员工要做的事情；其实这也是管理者对企业职工高度信任的一种表现方式，这样员工才能够更好地去完成自己的本职工作。

　　汉惠帝继位后，身为主相的曹参终日饮酒作乐，不理国家政事。这可怎么办，国家大事不能荒废了啊，不能让曹参这样下去。于是，汉惠帝命令曹参的儿子回家打探父亲曹参的情况，看看这位朝廷大员为什么不能勤政，为什么忽视国家的朝政。

曹参的儿子回到家里，询问父亲为什么要整天游玩，不把国家大事放在心上。结果，曹参勃然大怒，还把儿子打了一顿。

汉惠帝听曹参的儿子说了这件事情以后，勃然大怒，于是当面质问曹参，为什么整日不理朝政、整日饮酒作乐。曹参没有惊慌失措，而是反过来问问汉惠帝："陛下和高祖相比，哪一个更贤明？"汉惠帝说："我当然比不上高祖。"

曹参又问："我和之前的萧何相国相比哪个更有才？"汉惠帝说："当然是萧何更有才能，这还用问吗？"

最后，曹参发了一顿牢骚，向汉惠帝解释道："既然我们不如他们，而他们制定的规定实施起来又是切实有效的，那我们遵照执行就是了，何必再多生事端呢？"

至此，汉惠帝才恍然大悟。原来，曹参并非喝酒误事，更没有花天酒地，耽误政事，这一切只是表象而已。在常人看来，他没有对国家大事兢兢业业，饮酒作乐耽误正事，那是因为他按照既定的管理规则办事，一切都在他的掌握之中。而汉惠帝杞人忧天，最后才清楚自己的担心是多此一举。

汉惠帝从极度担忧，到最后一切都释然了，是因为他明白了曹参在扮演好自己丞相的角色，按照法规办事。而汉惠帝也更深刻地认识到自己作为国君应该行使的角色，只要选用可以担当重任的贤才就可以了。不需要干预下属是如何行使自己的职权。也就是说，只需按照法令治理国家，一切秩序就都建立起来了。

身为企业的管理者，不能够像汉惠帝这样不搞清楚属下的具体的行为就斥责下属。而应该像曹参那样，在规则体系完好运行的前提下，把权力放到下面；不要干预下属是如何行使自己的职权的。

在大多数的情况下，管理者只需要做好自己的事情就可以确保企业的正常运转，管理者只做自己应该做的事情是有健全的制度作保证的。然而，很多管理者频繁更换管理层，不断推出改革举措，却不益于企业的发展，因为即使很好的战略也无法在短期内看到成效，反倒是把企业的员工弄得身心疲惫。而那些成功的企业，企业的领导者一旦制定了适合企业发展运行的规划,就会选用合适的人才,让大家坚定地执行规章制度。经过一段时间大家就会看到这其中的好处。这其实就是按照规则用人、依照法规办事而产生的结果。

所以,管理者首先要完善企业的规章制度,使企业的各个层面能够做到有章可循,有法可依。一套完整、完善的规章制度,是企业的管理者领导管理人才、使用人才的重要法宝。一个有经验的成功的企业领导,应善于用规则管理你的下属,真正做到奖赏有尺度,做事有分寸。从很大程度上来说,企业有了严格的法令和规章制度,就能让大家执行到位,而且非常彻底。所以这又在很大程度上提升了企业各个部门的运作效率,同时也就提升了企业的经济效益。

顺美服装有限公司是北京市的一个著名的服装公司,这家公司就制定了行之有效的规章制度来确保公司的正常运营。经过两年多的反复讨论,该公司修订出台了《顺美员工行为规范》。这份《规范》包括了顺美员工的行为基本准则,公司概况,员工如何在集体中生活、如何工作及应有的礼仪礼貌等几个方面。

此外,《规范》还教人以经商之道,办事之道,做人之道和处事之道;既规定了必须做什么,必须怎样去做,又阐述了为什么这样去做,做到了有什么益处,违背了它有什么害处。

《规范》涉及方面比较广泛,事无巨细,使职工做事有章可循。顺美公司在实际的发展与运营过程中,依靠的就是这些规章制度,并且是严格执行。《顺美员工行为规范》强调十个"严":产品标准严、质量管理严、能源管理严、原材料管理严、计划管理严、安全管理严、资金管理严、劳动纪律严、环境管理严和工作作风严。

原来复杂的企业管理和执行,经过《规范》的诠释,员工更加明白了自己的理念,也明白了自己的职责是什么。所以,《顺美员工行为规范》对许多企业的运行与发展都起到了领导性的作用,值得许多公司借鉴与参考。

由此可见,规章制度制定的好,公司的管理工作就有章可循,那么企业的管理就会变得规范化。对领导人来说是有很大的帮助的,因为大家只要按部就班做好自己的本职工作就会让企业良好地运行下去。

其实，在很多成功的大企业，整个组织运行有序，人人忙而不乱，员工依照规章制度做好自己的本职工作。所以，一个企业要想在残酷的市场经济的竞争中处于优势，没有一套科学的、切合实际的管理规章制度是很难做到的。

当然，有了可行的管理规章制度，而缺乏执行力和严格的监督机制也是不能达到预期的效果的。这也就需要管理者做好自己的本职工作，对企业的员工加强教育、提高认识，让员工认识到企业规章制度的重要性。并且坚持制度面前人人平等的原则，加强学习规章制度的培训，让员工时时刻刻想着遵循这些规章制度。

给管理者的忠告

管理者要做好自己应该做的事情，不干涉下属的工作职权和做事的方式。管理者还要制定行之有效的管理公司的规章制度，让自己和公司的员工严格遵守这些规章制度。让公司全体员工做到"有法可依"，这样企业才有可能在市场经济的竞争中处于优势。

3. 既要管得少，还要管得住

在企业的组织管理内部，要求企业的管理者只做好自己该做的事情，并不是意味着企业的管理者对职工的工作表现不闻不问。其实，有能力的管理者应该做到：既要管得少，也要管得住。

韩非子说："不以智累心，不以私累己；寄治乱于法术，托是非于赏罚。"这句话的意思就是告诉管理者：不要因为过度思考使自己的内心疲惫，不要因为个人的私欲而让自己受到伤害。管理者依据规章制度来治理国家，要对是非进行赏罚分明。也就是我们所说的"既要管得少，也要有方法管得住"。

"管得少"与"管得住"这其实就是要求管理者"无为"和"有为"的完美结合。"无为"是要求管理者只做好自己应该做的事情，"有为"是要求管理者在关键性的事情上起重要作用。管理者"有为"才能达到"管得住"的效果。所以，管理者的最高境界是"管得少"，但是前提是你必须"管得住"。

曾国藩的湘军是中国军事史上的一个奇迹。因为湘军是地方政府招募的临时性武装，它能够打败清政府的国家正规军。这当然和曾国藩的正确的管理方式是分不开的。

在领导湘军时，曾国藩首先想的不是如何发展自己，而是从对手身上吸取经验。他思考的问题是绿营为什么溃不成军。绿营的武器与装备是非常先进的，而且绿营的士兵训练有素。他们却被还没有经历过军事训练的太平天国打得一败涂地。为什么这支所谓的正规军却经受不起实战的考验？曾国藩反复地思考这个问题。最后得出这样一个结论：绿营军的制度存在着很大的问题。

绿营采取的是"世兵制"，即士兵由清政府发放供给，世代为兵，全国各地都有绿营。如果哪个地方发生战事，就采取抽调的制度，东边抽一百人，西边调取五十人，组成一支部队，然后派将领带兵出征。所以，士兵之间互相都不熟悉，他们之间更不会团结协作，如果遇到了生命危险，肯定就各自逃亡，更不用说同仇敌忾、奋勇杀敌了。

于是曾国藩就把制度改革转移到自己的湘军上，在湘军上上下下实行全新的制度改革。湘军不实行"世兵制"，而采取层层招募的制度，由上一级的将领招募下一级的将领，下一级的将领就招募自己的下属，以此类推。这样，下属和将领就相互熟悉了解，而且士兵之间也相互认识。当时的湘军待遇很高，所以很多人踊跃报名。

同时，招募制度还有另外的规定：在作战过程中，任何一级军官如果战死沙场，那么他手下的军队便就地解散。所以，在作战的时候大家就会团结协作，保护自己的长官，更加促进了军队的和谐。《湘军志》里有一句话："其将死，其军散；其将存，其军完。从湘军之制，则上下相维，喻利于义。将卒亲睦，各护其长。"这句话说的就是这个道理。

所以，我们看到曾国藩的成功都是因为自己在制度上的变革。

总之，企业的管理者想要"管得少"，就必须"管得住"。而"管得住"要靠行之有效的管理措施。曾国藩在湘军实行的制度改革的举措是值得企业的管理者借鉴的。在企业内部，制度是决定和改变员工的行为的东西。员工都是理性的，员工知道什么样的行为对自己最有利。只要是管理者设计的制度合理，而且这个制度对员工有利，那么员工一定会按制度执行，按规章制度办事。

管理者的关键任务是能够制定出有效的制度，把下属的自利行为引导到对组织有利的方向上去。就像曾国藩治理湘军一样，在确立基本制度后，他根本不用自己挥着战刀在后面逼下属冲锋陷阵，士兵自然就知道往前冲。下属的行为已经变成了自觉和自发的行为，因为这种行为对他们自己是最有利的。

作为企业的领导者，想要管得少，还要管得住，企业的管理者除了要制定适合本公司的规章制度以外，还要做到对公司员工的赏罚分明。赏罚分明，既可以激励先进的优秀的上进的员工，还可以让更多的人避免犯同样的错误。这样企业的员工才能在正常的轨道上行使自己的工作职权，企业的正常运行与发展才会有保障。

越王勾践经过多年的隐忍，决心挥师剿灭吴王阖闾，于是让大夫文种对士兵进行严格的训练。这一天，勾践问文种："我想攻打吴国，都准备好了吗？"

文种回答："可以了！我平常训练军队时，奖赏丰厚，刑罚严厉，而且令出必行。如果大王想了解一下士兵的作战能力，我们可以测验一下，看士兵能否上战场杀敌。"

接着，文种楚烧宫室，测验士兵的表现。结果士兵们很快就来救火。然后，文种下令说："因为救火而失去生命的人，比照阵亡将士给予抚恤；救火而没有死的，比照杀敌的功臣给予奖赏；不救火的，比照降敌的士兵进行刑罚。"

命令一出，只见大家纷纷往身上抹药，披上湿衣服赶紧去救火。没用多长时间，大火就被扑灭了，显示出强大的战斗力。

勾践看到这种情形，意识到这支队伍有必胜的气势，于是很快对吴国宣战。凭借文种训练的军队，越国终于打败了吴国，夺取了胜利。

勾践凭借文种赏罚分明的制度训练的士兵打败了吴国，取得了战斗的胜利，这就再一次说明了赏罚分明的规章制度对于管理者是十分有益处的，因为好的制度有利于引导人积极的一方面。有赏有罚，更能够激励和规范员工的行为。这样员工才能把自己的热情投入到自身的工作当中去。

一个企业的正常运行与发展必须有完善的制度和完备的激励机制做保证。企业的管理者只要把握好这两大法宝，就非常容易掌控企业的运行。在制度完备之后，管理者就可以坐享成果。看似"无为"，实则是"有为"。而"无为"的关键是完善的制度和完备的激励机制。

　　管理者不要总以为"管得少"只是管理者不务正业。"管得少"的同时是可能"管得住"的。看似"无为"而治，实则是有制度保障的。这就要求管理者要制定完善的制度和完备的激励机制，把企业员工向上的一方面引导到有利于企业发展的一方面。

给管理者的忠告

　　对于企业的管理者来说，"既想管得住，又想管得少"不是管理者很难达到的境界。只要管理者做好"管得住"与"管得少"之间的相互衔接，有制度上的保证，就一定能够让企业在正常的轨道之内运行与发展，而且企业的发展很可能会更上一层楼。

4. 管理要讲情、理、法

企业的管理者对企业的领导不是一味地靠权威，让属下听命于自己，而是通过使用一定的规则或尺度来对企业进行管理。在管理的过程中还应该做到情、理、法三位一体。这样，领导者的管理才会起到一定的作用。

曾仕强说："站在领导者的角度来看，把握好情、理、法的逻辑，更容易成功，也最为合理。"他认为中国管理思想的源头是中华文化的主流思想——儒家文化。像孔子主张"摄礼归义""纳礼于仁"的君王执政的思想，它们构成"仁、义、礼"三位一体的思想体系。把这种思想放到企业管理中，就是要求管理者要把握好"情、理、法"三原则相互融合。

而在现代的企业的管理中，现代企业管理的复杂性更要求管理者把这样的管理思想融入实际的工作当中去。这三位一体的融合的管理思想实际上是缺一不可、相辅相成的。管理者把这种思想融入实际当中去，才能够让企业的内部组织运行更加合理化，企业的实际发展才能够更加平稳与健康。

"情、理、法"三者看似融为一体，但是三者各自起着不同的作用。所以，任何一点都不容忽视。

首先，"法"是管理者管理企业运行与发展的基础。这是对管理者和员工的最基本的要求。其实无论在任何领域，"法"都是重要的不能够忽视的。现在的中国讲求法治社会，"法"显得尤为重要。

其次，"理"是人们对事情的认同感。虽然"法"是基础，但是"法"

也是随着时间和地点的改变而发生改变的。当然，这个改变也是需要大家的认同的。从某种程度上来讲，这种认同感就是"理"。人们的价值观导向往往是一致的、正确的。在复杂多变的市场经济中，商业环境总是多变的。所以，需要管理者根据环境来判断应该采取哪些对策，而这些对策需要很大的合理性，让大家接受和认同。

最后，"情"是人心。管理者的管理不应该是不讲究"情"的，"情"能够让管理者的管理更加人性化，让员工之间的气氛更加和谐。讲究人心最重要的就是让企业的员工把全部的热情投入到工作岗位中去。管理者不讲究情必然会导致企业员工的生产积极性下降，也可能会导致员工与员工之间、员工与老板之间的矛盾激化。

所以，"情、理、法"三者相互融合才能够让管理者的管理更加富于艺术性，管理者的管理才会对企业的管理起到非常重要的作用。尤其是在中国的企业里，要想取得管理实效，既要重视"法"的作用，也不能忽视"情"和"理"所起到的作用。

在楚汉争霸时期，汉高祖刘邦带领起义队伍进入咸阳以后，很多的士兵面对富饶的咸阳，都起了贪念，掠取财物，无恶不作。当时，群臣看到这种情况不利于刘邦以后的发展，于是他们建议刘邦把军队撤出咸阳，把军队驻扎在霸上，并和将士们约法三章：第一条，如果士兵再无故杀人，那么必须以自己的性命作为补偿。第二条，如果对其他人造成伤害，根据受伤者的轻重程度，用牢房的肉刑抵罪。第三条，如果偷窃百姓的财物，牢刑和赔偿两项处罚同时进行。

刘邦听从了张良、樊哙的意见，将士们的恶劣行为得到了遏制，社会公共秩序得到了稳定。刘邦的这一做法也得到了当时的百姓的拥护。后来，刘邦能够问鼎天下，与重视法纪、建立秩序密不可分。

刘邦约法三章的故事，显示了他不愧为打天下的能手，同时也是治天下的英才。在"情、理、法"三者之间，"法"是基础。任何组织，任何领导人，都应该以"法度""制度化"为实施管理的起点。在具体操作过程中，领导人不但要确立基本的行为规范、让组织成员遵守法纪，自己更要守法，学会身体力行。

在现代社会，管理者按照"法""理""情"的顺序处理企业管理当中遇到的各种棘手的问题。从表面上看，"法""理""情"与中国的传统原则有些相悖，但是因为现在我们的国家是社会主义法治国家，人们对法律非常重视。现代人尤其是企业的管理者要更加强调"法"的重要性，"法"是非常有利于推动商业的有序进行的。其实这是非常有效的措施，法律会保护各个利益主体的利益不会受到伤害。各个利益主体也会在法律的轨道上行使自己的权利，尽自己所尽的义务。

比如，鸿海集团总裁郭台铭就是十分重视这三者的相互结合。他和员工约法三章：如果员工第一次犯错误，而员工讲得出犯错误的道理，那么他们就不会惩罚或处分。但是你第二次犯错，而没有让大家相信你的理由，那么你就要接受处罚。

郭台铭管理的逻辑是：第一次犯错，有道理就不处罚，这其实讲究的是一种人情；而如果你经常犯错，不反思自己以前的错误，那么必然就要接受相应的处罚，这讲究的就是"法"，是一种惩戒。并且这样的决策是合乎人情和法度的，因此也是最合理的。在这里，我们不难看出郭台铭管理与领导的高超性。他不仅讲究人情，而且讲究的是合理的和合法的人情。

西蒙斯在《说故事的力量》一书中曾经说过："如果想影响别人，就应通过说故事的艺术，在听者与自己之间营造一个情境，以增进信任感与说服力。"显然，西蒙斯是在告诉企业的管理者，即使讲"理""法"，但是同时不要忘了人情。有了人情味才容易被企业的员工接受，管理者的管理才会起到一定的作用，企业才能够更好地发展与运行下去。

经验表明，找到一条经过"情"字所润饰的路径，不仅同样可达到沟通协调的目的，而且兼顾合理与合法的诉求，这才是领导艺术的最高境界。无论是在商场中角逐，还是在企业里领导部下，学会用"情"包装，往往会收到意想不到的效果。

自古以来，中国人都是讲"情"的民族。不过，许多人不认同这个观点，可能是因为现在社会上很多的负面信息：假公济私、裙带关系等等。这种情形在社会上的确存在，但是中国人始终推崇的其实是合理、合法的人情，而不是这种负面信息。这才是中国式人情的价值。因此，领导人在管理企业的过程中需要在"理""法"的基础上讲究"情"。做到这一点，管理者的管理才是最有效的。

给管理者的忠告

管理者在管理的过程中，必须把握好"法""理""情"这三要素，并把这三要素合理地结合起来。这样既不失公正，又能够充分调动员工的积极性。让员工更有效地参与进来，让企业获得更大的经济效益。

5. 在公司推行问责制

在企业的组织管理当中，无论是对管理者本身还是对企业内部的所有组织人员，都必须建立相关的问责机制。在企业中推出问责制才能够保证企业机制的正常运行。

韩非子说："释法术而心治，尧不能正一国；去规矩而妄意度，奚仲不能成一轮；废尺寸而差短长，王尔不能半中。使中主守法术，拙匠守规矩尺寸，则万不失矣。"这句话告诫管理者：身为企业的管理者，如果不使用惩罚的手段而只凭借个人的力量来管理企业，即使管理者的品格再高尚也无法管理好企业，所以要善于使用辅助性的工具。为此，管理者要把所谓的惩罚的手段运用到实际的管理之中，而在现代的企业管理中，往往推行的惩罚手段是问责制。

当然，问责制追究的不仅仅是针对个体本身，它也是个人针对组织的一种行为。问责制度包括自我问责和组织问责两个方面。自我问责是个体针对自己的工作行为进行检讨和反思。组织问责主要是组织对他人的行为的责罚。在一个企业中，自我问责和组织问责二者缺一不可。所以这就需要管理者强调员工的自我问责，不断地监督下属的行为。

三国时期，有一个著名的故事——诸葛亮挥泪斩马谡。当时，诸葛亮为实现祖国的统一大业，向曹魏发动了一场战争。诸葛亮任命马谡为前锋，让他镇守战略要地街亭。

临走之前，诸葛亮再三嘱咐马谡："街亭虽然看似是一个小地方，但是关系重大。它是通往汉中地区的咽喉要道。如果你把街亭失掉，我们必然会失败。"诸葛亮还明确地告诉马谡要在依山傍水的地方安营扎寨，而且一定要谨慎小心，不希望他出现任何差错。

马谡到达街亭后，没有按诸葛亮的指令在依山傍水的地方安营扎寨。他骄傲自大，轻视敌军，自作主张地把军队驻扎在远离水源的街亭山上。然而，不幸的事情发生了，魏军放火烧街亭山，蜀军在这场战役中失败，马谡失守街亭，诸葛亮最后不得不退回到汉中地区。

街亭的丢失，延误了战机，让蜀汉的军队不能继续进取陕西。作为将领的马谡需要负主要责任。于是，诸葛亮不得不实施惩罚，而代价就是斩首马谡。诸葛亮这么做，意在彰显法令严明的态度，提醒大家管好自己的言行，绝对不能违法乱纪，破坏大局。

更加难能可贵的是，诸葛亮认为，马谡丢失街亭，自己有不可推卸的责任，自己也必须受到应有的惩罚。于是，他上书给刘禅，请求贬除自己丞相的职位。其他的将领对此感到十分的不解，认为胜败是兵家常事，不需要付出这么大的代价。诸葛亮解释说，治理国家最重要的是严格遵守法纪；如果领导犯了错误而不受到惩罚，怎么能够让众人服气呢？士兵怎么会死心塌地地跟随你？很明显，这也是在告诫自己的将领不要犯类似的错误。

总之，管理者在企业当中推行问责制是为了规范下属的行为，达到惩前毖后、防患于未然的效果。管理者可以通过惩罚典型的人物来提醒身边的员工不要犯类似的错误，并且让这种威慑作用达到一定的效果。

当然，身为企业的管理者也不应该忘记自我问责的重要性。身为管理者的诸葛亮，在面对马谡犯下的错误时，也不忘谴责自己的过失。自求贬官的做法就是他自我问责的具体体现。

身为管理者最应该借鉴的就是这一点，时时不忘自我问责。当然，通过惩罚达到促进员工更好地工作才是真正的目的。让员工通过惩罚的手段来规范自己的行为，通过奖励来督促自己的进步。

1986年，李嘉诚的长和系四大公司发起了非常著名的100亿元集资行动。当时，是由花旗银行唯高达香港有限公司负责包销，袁天凡就是这个项目的主要负责人。也就是在这个时候，李嘉诚看中了袁天凡的聪明才干，想把袁天凡归为自己所用。

1991年10月，荣智健联手李嘉诚等香港富豪收购恒昌行，于是李嘉诚说服袁天凡担任恒昌行的行政总裁。袁天凡从自己现在的职位跳槽，来到恒昌行担任行政总裁，当时他的年薪为600万港元。到了第二年，荣智健回购恒昌行股份，袁天凡非常愤怒，辞去了这里的职位，开始走上了独立创业的道路，他和朋友一起创办了天丰投资公司。

因为李嘉诚看中了袁天凡的才能，所以他义无反顾地认购了天丰投资的9.6%的股份，表达了自己对袁天凡的赏识和喜欢。这么大的资金的投入，直接带动了其他投资者的投资，使天丰投资股价大涨。功夫不负有心人，到了1996年，人称"投资奇才"的袁天凡终于投到李嘉诚旗下。

袁天凡曾公开表示："如果不是李氏父子，我不会为香港任何一个家族财团做……他们（李氏父子）真的比较重视人才。"很多的香港人都知道，李嘉诚旗下的长和系盛产"打工皇帝"，这不仅仅因为长实与和黄是香港最有实力的公司，更因为李嘉诚非常重视人才，经常通过各种方式来奖励员工。

企业取得了好成绩，对员工理应重奖。企业要有好的待遇，才能留住人才，而优秀的人才会为企业创造更多的财富，形成良性循环。

古人曾说过："夫人情好爵禄而恶刑罚，人君设二者以御民之志，而立所欲焉。夫民力尽而爵随之，功立而赏随之。"这句话的意思是说，普通人都喜欢奖赏而害怕惩罚，统治者设立了奖励和刑罚这两种方法，用奖赏让百姓知道该做什么，用惩罚让百姓知道不该做什么。这是让赏罚更有实效的基础。所以企业的管理者在管理员工的时候，必须坚持赏罚分明的原则，不应该掺杂任何的私人的情感在里边。

当然，赏罚分明的原则不仅仅只是该赏则赏、该罚则罚的原则，它也涉及对同一对象的不同事件该赏则赏、该罚则罚，而"功过相抵"的做法会让企业的规章制度失去应有的作用。因为这就是把前功变为犯错误的资本，犯错误就会变得理所应当。管理者的管理方法就会失去作用，企业的运作就不能更好地进行下去。

所以，在企业推行问责制是十分必要而重要的。问责制做到赏罚分明，既鼓励了表现好的员工，同时又警告表现不好的员工。这样，员工的行为才能够更加规范，他们的积极性才会被充分调动起来。

给管理者的忠告

管理者必须在企业推行问责制，做到赏罚分明。在这样的制度下，企业才能够合理、稳健地运行下去。当然，在企业内部推行问责制，最应该推行的是自我问责。企业的管理者和企业内部的员工都应该把问责制推行到自己的工作当中。

6. 流程管理优化公司资源

企业的管理方式多种多样，而在大多数的企业内部推行的是流程化管理的方式。企业的流程化管理能够优化企业的资源配置，为企业创造更多的经济效益。

孟子说："上无礼，下无学，贼民兴，丧无日矣。"孟子这句话的意思是：如果在君主没有礼义，而臣民没有教育，违法乱纪的人越来越多，国家的灭亡就快了。而现代的企业管理者应该吸取的教训是：管理者在管理企业时应该遵循一定的礼仪规章制度。因此，管理者应该实行科学的流程管理，并且要用数字准确、动态反映企业的管理活动，最大化地实现公司资源的优化配置。

为此，管理者必须掌握科学的流程的管理方法。把握流程的系统管理方法，对各个过程进行操作性的定位描述，比如：流程分析，流程质量与效率测评等等。当然，科学的流程的管理方法离不开相应的数据的分析。公司的各个部门的运作状况也需要这些数据来反映。

德鲁克曾说过："管理是一种工作，所以它有自己的技巧、自己的工具、自己的方法。"对于管理者来说，规则的建立是十分重要的。企业在生产与运营的过程中，有了规则或制度的束缚是十分重要的。在规则完备的情况下，企业者的管理才更有说服力，更加有效果。

从根本上说，企业运行规则是一种管理者必须掌握的企业运行的管理工具，它的目标是有效提升管理水平、提高部门工作效率，实现企业的经济效益的最大化，也就是给企业带来更大的经济效益。

日本伊藤洋货行认为，纪律对企业的发展至关重要，其公司的岸信一雄虽然是个管理方面的精英，但他有很多的缺点：居功自傲，不守纪律，而且屡教不改。领导者不得不将他解雇，以一儆百，让公司的其他人注意到企业的秩序和纪律的重要性。

岸信一雄是由"东食公司"跳槽到伊藤洋货行的。在公司里，他的表现不错，并且给企业带来非常大的经济效益，使得伊藤洋货行的食品部门运行得井然有序。

工作之初，伊藤和一雄在工作态度和经营销售观念上存在着非常大的反差，并且这种差距越来越大。一雄非常喜欢对外开阔市场，而且他善于交际，对部下也放任自流，在他的部门没有规章化的管理。

伊藤走的是传统保守的路线，遵循顾客至上的原则，他们不太喜欢与批发商、零售商们交际。而且对员工的要求十分严格，企业需要他们最大化地尽自己的能力，以严密的组织规章作为经营的基础。伊藤当然无法接受一雄的管理方式，伊藤因此要求一雄改变自己的工作态度，按照伊藤洋货行的经营方式去执行自己的工作。

但是一雄对这种建议不予以采纳，依然按照自己的方法去管理自己的部门，而且工作成绩斐然，甚至有飞跃性的进展。在这种情况下，一雄就更不肯改变自己的做法了。他说："一切都这么好，说明这路线没错，为什么要改？"

为此，双方意见的分歧越来越大，伊藤只好下定决心将一雄解雇。

伊藤洋货行的董事长伊藤雅俊突然解雇了工作能力超强的岸信一雄，这触发了日本商界的大讨论，舆论界也以轻蔑尖刻的口气批评伊藤。

在舆论的猛烈攻击下，伊藤雅俊对这种做法解释道："秩序和纪律是企业的生命，不守纪律的人一定要处以重罚。即使会因此削弱战斗力，我们也在所不惜。"

这件事情不单是人情的问题，而关系着整个企业能否在商界的竞争中取得胜利。对于最重视纪律和秩序的伊藤而言，食品部门虽然一直有很高的经济效益，但是他却无法容许"治外权"如此持续下去。因为，这样会毁掉过去辛苦建立的企业体制和经营基础。

从这一角度来看待这一事情，伊藤的做法是正确的，是可以理解的。严明的纪律的确是不容忽视的。企业秩序和纪律存在的意义，不在于约束，而在于凝聚。

对企业领导者来说，对每个成员的行为加以规范引导，并且集中他们的力量，将若干的小溪流汇成大海，这样才能汇聚大家的战斗力。为人处事，规矩自立，如此，便可处乱而不惊，应变自如。

事实证明，世界上所有值得尊敬的、成绩斐然的大公司，总有一些规章制度。这些规章制度对一个公司来说，就是企业的生命线，这也意味着公司的底线。在解决了为谁做和怎么去做的问题后，需要解决的是哪些不能做、哪些能做的问题。规则的制定可以使整个企业获得和形成应有的规范，使企业的员工形成良好的纪律约束。一家企业必须制定出自己的规则，实行流程化的管理。它是企业不可触及的底线，是企业的生命，是不能跨越的禁区。

据史书记载，吴王阖闾曾经让孙子统帅军队。而最初的演练是孙子从皇宫当中，挑选了一百八十名宫女，并把她们分成两队；又让吴王宠爱的两个妃子当队长。孙子对她们训话，说明了训练的指令与内容。事先约法三章，如果不听从指挥，就要对她们进行斩首。

在开始的时候，没有经历过这种阵势的宫女笑成一团，走路的样子歪七扭八。孙子厉声大喝，叫她们听从命令，但是根本就没有起到任何的作用。尤其是两个妃子，根本就不听从孙子的指令。

孙子命令把两个妃子拖出去斩首示众。吴王见孙子没有开玩笑的意思，连忙向他求情，放过那两个妃子。孙子严厉地说，军令如山，行军打仗不按照规则办事是必定要失败的。最后，吴王只能眼睁睁地看着自己两个心爱的妃子丧命。

在随后的训练中，宫女们再也不敢嬉笑了，一个个行动迅速、步伐齐整，表现得就像训练有素的士兵一样。

现代管理的方式是针对组织或系统而言的。对于企业的管理者来说，就必须追求合理化、规范化的管理方式。所以企业就必须建立一套合理的组织体系。这样所有工作才能够顺利完成。否则，无论管理者付出多大的努力，到最后所有管理工作都只是徒劳无功的。

通常，企业运行规则包括：责权相等的用人规则、薪资基于贡献的分配规则、公平公开的晋升规则、适度轮岗的人员调整规则、自由发挥个人潜能的创新规则、平等的沟通规则等。管理者必须掌握这一流程管理的规则。

总之，在企业内部建立一整套运行规则制度是十分重要的，这样管理者的管理才能做到有章可循。管理者最重要的就是建立符合人情、事理的管理规律。按合理的逻辑和客观规律办事，这样才能够达到意想不到的效果。管理者的管理要符合人情、事理，这是取得良好绩效的根本原因。

给管理者的忠告

管理者必须建立合理的符合规律的规章制度，让企业实行流程化的管理方式，这样企业的资源才能够得到最大化地利用，企业才能够实现利益的最大化，经济效益才是企业良好运行的根本保障。

第十一章
管理手段的选择：有效的管理才是最好的管理

> 管理艺术对于管理者来说既是一门哲学，也是企业运行必须采取的措施。作为管理者，最理想的状态是通过自己的管理实现企业经济利益的最大化。那么，到底什么才是最有效而且最好的管理方式呢？这一章我们主要来探讨这个问题。希望下面介绍的这些管理方法对管理者有所帮助。

1. 管理哲学：人性如水，管理者要善加引导

管理者总是通过一定的管理方式让员工服从自己的领导。对于管理者来说，掌握一定的管理哲学来完善自己的领导，对员工善加引导，这样你管理的员工才能对你心服口服。在春秋战国时期，韩非子提出了"因可势，求易道，故用力寡而功名立"的观点。这句话的意思是说：作为领导者，可以根据分析取得成功的大好形势，来寻找可能成功的方法，这样就可以花最少的力气取得比较大的成功。作为管理者，就要分析企业具体的运行情况，分析可能取得成功的具体方法。

因此，管理者要不断地分析企业所处的内外环境，分析企业的生存状况能否更好地适应市场经济的发展状况。其实，一个人的成功，和他所处的环境或形势是分不开的。从某种程度上讲，和所处的时代情况相适应，使自己的发展方向与周围的环境相适应，掌握有利于自己的局面，就会获得一定的利益。同时，一个企业的发展也离不开企业运行所处的环境。所以，管理者就必须对员工善加引导，让企业的利益最大化。

战国时期，齐国的孟尝君是非常著名的战国四君子之一，当时他的门客有三千多人。但是，孟尝君身材矮小，容貌非常一般，与那些才貌双全的宾客是没办法进行比较的。

当时，有一位宾客对美丽的孟尝君夫人有非分之想，他们之间甚至有点儿暧昧关系。结果，很快有人把这件事告诉了孟尝君，还说："他这样做，是对您的极大不敬，无论谁也无法忍受，您应该将他秘密处死！"

孟尝君听了这番话，勃然大怒，但是他仔细想想，意识到杀人不是最好的办法，于是对告密的人说："男女相见，产生好感，互相爱慕，也是人之常情。以后不要再向任何人提及此事。"

然而，当天晚上，孟尝君一夜辗转反侧，难以入睡。他想："那位宾客能够让自己的夫人如此之喜欢，他一定非常善于交际。这种人一定很有心计、能说会道、精通应变。所以，从某种程度上来说，他也算得上是一个人才。所以，应该好好利用他的才能。"

第二天，孟尝君与那位宾客促膝长谈："你来到我的门下已经很长时间了，我没能让你做大官，算是埋没了你的才能。我和卫国国君是好朋友，他目前急需一位善于交往的人才，所以我想把你推荐给他。让你到他那去任职。"

这位宾客听了孟尝君的话之后非常感动，不断地感谢孟尝君，要报答孟尝君对自己的大恩大德。经过了很长的时间，齐、卫两国关系变得非常不好，卫国国君想要联合战国其他国家一起灭掉齐国。而当时那位宾客在齐国身居高位，他听到这个坏消息之后，立即出面阻谏齐国的国君。宾客站在卫国的立场上，动之以情，晓之以理，最终让国君放弃了攻打齐国的主张。齐国也因为这位孟尝君没有杀掉的宾客而保存了生存的机会。

与其说孟尝君宽容大度，不如说孟尝君更加懂得如何利用人才。他知道宾客和夫人的关系非同一般，自己没有私自报复，而是从中看到了宾客善于交际的才能。他的做法可以说是一箭双雕，既让宾客远离自己的夫人，又让宾客到卫国去暗地里帮助自己，发挥他的才能。这样"疏导"的方法不是一般人能够做到的。

从孟尝君的身上我们可以看到，顺水行舟，即使在没有船桨的情况下，船能够自己走，如果稍微加点外力，则船动如飞。这是因为水流的方向与船行的方向是一致的，水总是推动船向前游动。试想，如果逆水行舟，就会费很大的力气。

因此，管人用人的最高境界就是顺势而动，也就是采用"疏导"的方法。有的管理者在管理方向上没有大的错误，只是在管理方式上需要改进。但是如果在策略上出现了问题，最终就不会达到自己的目的，管理者的初衷肯定很难达到。西周在位三十年的厉王，就是因为不懂这样的管理方式而最终走向失败的。

当年，周厉王作为西周的国君，不断对外发动战争，最终国库亏空。他必须采取措施增加国库的财政收入，所以他把山林川泽纳入国营事业，当时的平民百姓是不准进入这些地区渔猎采矿的，所以百姓就没有谋生的道路。

大家对厉王的做法不满，街头巷尾议论这件事情。对此，厉王不仅没有改变自己增加财政的方法，反而派人监督民众的言行，再有议论朝政者就必须处死。后来，大家走在路上都不敢说话，只敢用眼神交流。

看到百姓再也不议论朝政了，周厉王非常高兴。当时的一位大臣却提出忠告："堵塞人民的嘴巴，会带来后遗症，其危害远远超过堵塞洪水。善于治水的人，一定用疏导的方法，让水流有个出口；管理国政的人，也要开放言论空间，让人民畅所欲言。"

周厉王根本听不进劝告，依然按照自己的方法做事。又过了几年，民怨到达顶点，引起了内战，厉王被迫出逃，失去了国家的军政大权。

其实，管理人的最高境界就是依据形势的变化而采取行动。事实证明，这种措施往往是最有效果的。有管理经验和管理才能的人，不会用"鸵鸟心态"——眼不见心静的状态来对待人才。当管理者面对有缺点、犯错的人，如果不闻不问或采取绝对的方式来处理，就会产生更加坏的效果。所以，管理者要善于引导对方，发挥他们的优势，挖掘他们的潜能，才可以事半功倍。

木头和石头有着相同的特点，如果把它们放在安定平稳的地方，自然就会静止。如果放在比较倾斜的地方，必然就会滚动。方的容易静止，圆的容易滚动。所以，管理者必须善于把握事物的状态属性，这样自己才能占据有利的位置，实现预期目标。具体到管理层面来说，在人力资源的管理与开发过程中，能够因势利导，就会让下属按照自己的意图行事。

在管理过程中，"疏导"的方式符合人们的心理，符合人性的一般特点，所以总能收到意想不到的效果。"管人"的对象是具体的人，晓之以理、动之以情才能顺势而为。否则，如果不顾及员工的心理状态，凡事逆流而动，那么就难以让员工更好地融入工作当中，即使员工被迫听从自己的指令，也不会有好的工作效果。

给管理者的忠告

管理者必须根据人性，在不违背员工的最基本的利益的情况下来对他们进行引导。当然，这些引导方式必须符合企业发展的潮流。这样员工才会把自己的热情投入到自己的工作当中去，企业的利益才会有保证，企业才能更好地运行下去。

2. 管控流程：从直接控制到间接控制

在企业管理中，管理者的职责是对企业的各个部门和各位职工进行工作的监督和管理。对于大多数企业的管理者来说，往往是对企业进行直接的管理。但是随着企业的发展和管理者的管理方式的改进，管理者的管控流程应该由直接管理转变为间接管理。

孟子说："太上，不知有之；其次，亲而誉之；其次，畏之；其次，侮之。信不足焉，有不信焉。悠兮其贵言，功成事遂，百姓皆谓'我自然'。"这句话可以应用到企业的管理方式当中去。这段话的意思是说：作为优秀的管理者，他的下属感受不到他的管理；作为略差的管理者，员工总是刻意地接近他，并吹捧他；而比较差的管理者，员工是非常害怕他；更差的统治者，人们轻视他。没有诚心的管理者，员工是不会信任他的。优秀的管理者很少干预员工的具体工作，这样员工不知不觉就会知道自己干什么了。

为此，管理者要采用间接的管理方式，锻炼员工的工作能力，让员工在不知不觉中提升自己对本职工作的认知能力。显然，管理者的间接控制方式会让手下的员工拥有更强的工作能力。

当然，管理者的间接控制是逐渐由直接控制过渡过来的。管理者不能在一开始的时候就对员工实行间接监控，而是由直接监控逐渐发展为间接监控。但是，如果企业的管理者总是对员工采取直接管理的方式，反而会让员工感觉自己的老板不信任自己，最终很多的员工可能会受不了而辞职。从下面的对话中，我们就可以感受到这一点。

职业规划师："你为什么离开原来的企业？"

员工："我们那老板……我正按部就班地完成老板安排给我的任务，突然老板插进来指手画脚，而且他事先并没有了解我是如何工作的，就跑过来瞎指挥。真是越怕什么来什么，我们老板还总是这样，搞得我根本没法干活儿。所以只能辞职了。"

职业规划师："当你面对这种情况的时候，你是如何处理的？"

员工："既然是老板插手要管，我只好不管了。不然出了问题，谁负责啊？"

职业规划师："那你这样做是不是要证明老板是错误的？等着看老板的笑话？"

员工："用事实说话。我就让老板记住自己这样做是多么不好，这样老板以后就不会这么做了。"

职业规划师："那老板以后还这样做吗？"

员工："要是能改就好了！这一点就是××老板的瓶颈。所以，××企业做不大。"

职业规划师："那你说老板应该怎么做？是不是老板决定让你做后就不用管了？"

员工："对！既然老板安排我做了，就不用管了，等着我顺利地完成工作不就行了。"

职业规划师："万一时间到了，最终没有实现预期的效果、有了大的闪失，该怎么办？"

员工："拿我是问！"——经理人这时往往显得很有气节。

管理者关心企业内部员工的工作是自己的分内之事，我们不应该反对。只是这位管理者这样的管理方式让员工感到反感。所以，管理者一定要转变自己的管理方式，把权力的执行权交给员工。这样员工才能够大胆执行自己的工作。

当然，管理者的放权得有一定基础，最根本的基础就是企业的管理者和员工之间存在良好的沟通与交流。这样，企业的管理者与员工之间才能够心有灵犀，老板知道员工想什么、如何想，这样才放心放权。没有良好的沟通必然会带来一系列问题。

在上海，有一个非常著名的外国企业的总裁，他最近刚从国外调回来管理国内的工作。这位总裁和自己的秘书之间的沟通很少。有一次，回自己的办公室去取一些重要的文件，但是当他到了公司楼下的时候，才发现自己没有带办公室的钥匙。

所以，他着急地给自己的秘书打电话，让她送钥匙过来。但是他花了很长时间才联系上自己的秘书。并且他一直等了将近三个小时。回到家里，他非常生气。在凌晨1时13分通过内部电子邮件系统给自己的秘书发了一封"谴责信"。在这封邮件中，他非常严肃地批评了秘书的工作不认真。

本来这件事情就应该到此为止，但是，总裁竟然将这份邮件同时发给了公司的几位高管。第二天总裁依然正常上班，也没有就昨晚的事情和秘书进行私下的沟通，而就在当天，总裁收到了秘书的回信。在信中，秘书的言辞更加激烈，秘书用非常愤怒的口气指责总裁的行为是严重干预自己的私人时间和空间，并且告诉总裁不要在下班时间给自己安排工作任务。

最严重的是，秘书为了表达自己心中的愤怒，竟将两人之间的邮件内容发给了各个分公司的高管。一时之间，公司里上上下下都知道了总裁与秘书之间发生了激烈的矛盾，在大家一边倒地支持女秘书的同时，也影响到公司的声誉。

最后这件事被公司的总部得知，秘书因为工作态度与行为方式不得当而被开除，而这位刚刚升职的总裁也被迫调任回原职。

我们可以很容易看出，以上事件中的管理者长期采用唯我独尊的强势的简单沟通方式，从而直接导致员工的工作成绩被忽视，所以员工不愿意将更大的热情投入到自己的本职工作上去。长此以往，员工心中就会积累越来越多的愤怒，最后就会产生不好的效果。

因此，作为领导者最主要的就是通过沟通，了解员工的真实想法和工作的方式方法，达到让员工自动自发地努力工作的目的，从而让员工热情地投入到自己的工作中去。

从上面的故事中可以看出,管理者必须转变自己的管理方式,学会从直接管理到间接管理。这样员工的工作能力才会锻炼出来,最大化地节约公司的资源。在这种情况下,管理者的管理才是最有效的。当然,领导者在工作中要懂得从直接控制到间接控制的转变是有一定前提的。那就是学会与员工之间的适当沟通,这样才能充分发挥领导力,从而保证工作的顺利进行,实现企业的经济效益的最大化,让管理者的管理更加有实际的效果,同时也能为员工带来实际的利益。

给管理者的忠告

管理者必须学会放权,必须转变自己的管理方式,这是实现由直接管理到间接管理转变的必要途径。当然这不是要求管理者不闻不问,而是逐渐学会放手,最终完成良好的转变。管理者应该掌握与员工之间良好沟通的技巧,良好沟通是企业放权的基础。沟通无障碍,才能让管理者的放权更加有保证。

3. 工作技能：从专业技能转向领导技能

身为管理者，最重要的是掌握一定的管理技能，而不要总是把目光放在自己的专业技能的培养上。

身为管理者，知识技能看似是十分的重要。但是它只是管理者自身的能力的一部分，管理者需要的最根本的还是自身的决策力、感召力等领导技能。因此，管理者应该注重的是自身的领导技能的培养和形成，管理者的领导技能达到一定的境界，才能让员工心服口服地听从自己的领导。这样才会达到事半功倍的效果。

管理者的领导技能包含方方面面的内容：前瞻力、控制力、影响力、应变力等等。所以，管理者应该学习与感悟的东西其实有很多，并不是我们表面看到的那么简单。而随着科学技术的不断发展，专业技能可以在多个方面得到补充，领导技能却不能得到更多的补充。管理者的领导技能还是至关重要的。

领导者的专业技能与领导绩效之间并无直接的联系。也就是说并不是你的业务水平比其他的人高，你就一定适合做领导者，毕竟当领导所需要的是与做业务完全不同的两种技能。专业技能主要体现在对工作实际操作的熟练程度，而作为管理和领导技能则是通过对人的工作能力和主观能动性的调动来创造工作业绩。所以专业技能和领导技能的目标不一样，具体来说，经验和技能不等于管理和领导。

一个电信科技行业的老板曾经招募过一个人作为他们企业的区域营销

经理，这个人无论从工作能力还是业务的水平，以及个人形象、综合素质等方面都具有很不错的表现。然而，这个企业并没有录用这个人。这个人非常不理解这件事情，于是找到了老板，让老板给他一个合理的解释。

老板并没有怪罪他事先没打招呼就直接闯到他的办公室来，而是耐心地告诉了这个人原因。他说："虽然你的个人工作能力、业绩水平、综合素质等方面都超出一般人，但是通过我们对你的了解和观察，你在营销团队建设管理等方面的能力还是有很多不足，我们需要的是管理人才不是专业的业务人员，而这两种人之间是存在很大的差距的。"

于是，老板又不失时机地说："如果你愿意的话，我们可以让你成为公司的一员。但是职位方面，你不能够做区域的销售经理。但是我们有良好的领导培养计划，如果你愿意加入我们，相信在两年时间之内，能把你培养成为合格的管理者。"果然在两年之内，由于其良好的管理表现，这个求职者成了公司优秀的管理人员，为自己的职业生涯发展开辟了道路。

从上面的案例中，我们可以看出专业的业务技能和领导技能并不能够画等号。甚至我们可以这样说，作为管理者在专业技能上可以稍微有些欠缺，但是在管理技能上容不得一点疏忽。其实，作为领导者，恰恰是因为理解到了专业背景给自己带来的仅仅是一个参照和背景而已，在自己职业生涯转型时期或者之前，就已经开始注意积累管理方面技能的培养和积淀，才会锻炼出一定的领导和管理技能。

王石是万科企业的老总，也是一个领导技能非常高明的管理者。在做房地产之前他涉及很多的职业，做过贸易，做过饲料生意，不过在当时，他还只是一个默默无闻的创业人。

但是在转战房地产之后，王石凭借着他的高明的管理能力，通过十几年的发展让万科成了目前中国最大的地产企业。事实上，即使万科有这样的成就，在开发天景花园之前，王石做过的事情还是和房地产一点关系都没有。在《万科周刊》里面，我们可以看到万科最初"门外汉"的事实："好在深圳有个房地产老师——香港。"

于是，万科到处"偷"学，它学习新鸿基的经营业务水平，学习日本小镇的建筑设计风格，请江苏建安把关工程。万科的第一个成品——天景花园——的房子质量很好，就是因为当初的万科不了解房地产产业，所有的用材都挑最好的，所以才有资格和其他的房产企业竞争。

王石认为，对一个企业家来说，不必一定要达到很高的学历才能领导一个开发团队。如果稍微具备一些相关的知识结构，即使是门外汉，只要坚持不断学习，了解商品的基本性能和市场需要，就可以成功带领团队完成既定目标。一个合格的领导者，重要的不是知识结构和技术，而是具备出色的领导能力，从而让员工释放巨大潜能，让团队出色完成各项任务。

其实，很多企业的领导者并不一定有很高的学历，具备多么专业的知识，当然，也不是说外行人能够领导内行人。而是作为管理者必须要明白一点：技术和领导不是一回事，不能把业务能力、技术能力与领导能力、管理能力相提并论。

总而言之，一个优秀的管理者并不是需要多么高超多么专业的职业素养，而是需要卓越的领导技能才能管理自己的企业。虽然，不具备专业素养看似对于企业的发展非常不利，但是管理者具备比较高超的领导力，能把企业的发展引入正确的轨道上，甚至能让企业发展得更好。更何况，这样的领导会让更多具备专业知识的人才加入到企业当中，从而能最大限度地授权于他们，信任他们，这也是员工内心所期望的。这样，才能把每一个员工的能量都充分释放出来，为企业带来最大的效益。

给管理者的忠告

管理者不要把自己的目光过多地聚集到自己的专业技能上，应该把主要精力放在如何提升自己的领导技能上面，这才是管理者应该做到的。切记，不要将自己变成了一个技术上比较出色的小角色，要认清自身的角色和职位，做好自己的本职工作，因为领导能力是没有界限的。

4. 绩效模式：从个人绩效向组织绩效转变

在企业管理中，管理者总是通过一定的激励方式来鼓励员工投身到自己所在的工作岗位上，而这种方式一般是绩效的形式。然而卓越的管理者不是通过个人绩效的模式而是采用组织绩效的模式。

中国有句古话叫"众人拾柴火焰高"。作为管理者采用组织绩效的形式，能够为企业创造更高的经济效益，并帮助员工在团队中充分实现自我价值，最大程度上释放员工的积极性。让团队中的每个人施展才华，而非领导者忙得团团转，组织绩效就能倍增。因此，从个人绩效向组织绩效转变，是管理者必须主动完成的绩效模式变革。这样不仅能够直接提升企业的经济效益，而且能够为组织培养比较优秀的团队。

其实，优秀的团队的形成并不是一朝一夕的事。管理者通过组织绩效的方式，逐渐培养该团队的合作意识和团结互助的精神，形成良好的合作氛围，这样才能够使团队发挥更大的作用，才能给企业的运行与发展注入不竭的动力。

一日，锁对钥匙埋怨道："我每天辛辛苦苦为主人看守家门，而主人喜欢的却是你，每天总是把你带在身边。"钥匙也不满地说："你每天待在家里，舒舒服服地，多安逸啊！我每天跟着主人，日晒雨淋的，多辛苦啊！"一次，钥匙也想过一过锁那种安逸的生活，于是把自己偷偷藏了起来。主人出门后回家，不见了开锁的钥匙，气急之下，把锁给砸了，并把锁扔进了垃圾堆里。

主人进屋后，找到了那把钥匙，气愤地说："锁也砸了，现在留着你还有什么用呢？"说完，把钥匙也扔进了垃圾堆里。

在垃圾堆里相遇的锁和钥匙，不由感叹起来："今天我们落得如此可悲的下场，都是因为过去我们在各自的岗位上，不是相互配合，而是相互妒忌和猜疑啊！"

其实，我们团队就像是这把锁和钥匙，唯有大家齐心协力，相互信任，才能打造一支真正的高效团队。当然，优秀的团队不仅仅需要员工之间团结协作，还需要其他额外的因素。比如，明确的组织目标、共同的愿景、出色的胜任力，以及卓越的核心领导、优秀的企业文化。通常，团队各成员在工作中不断磨合、沟通，会逐渐形成特定的协作能力，从而极大地提升组织绩效，这是个人绩效无法比拟的。

在组织绩效管理模式中，管理者不要过多强调员工的个人目标。经验表明，如果员工仅仅凭借个人的表现而获得比较高的奖励，那么整个团队的素质或能力就会被忽略。员工长期在这种环境中工作，团队意识就会匮乏，组织绩效也会大大降低。

事实上，从个人绩效向组织绩效转变，是离不开领导的组织才能的。只有这样，才能合理地配置组织内的各种资源，做到人尽其用，物尽其才。同时，才能做好团队成员之间的沟通和协调工作，使整个团队像一台结构精密的机器一样，有条不紊地和谐运转。

中国古代许多的历史人物都擅长用组织化的管理模式。在楚汉争霸中，刘邦和项羽是两大对立集团的管理者。其实从主客观条件来说，刘邦各方面都不及项羽，但是最终却是刘邦建立了大汉民族，统一了中国。如果推测刘邦取胜的原因，可能就是刘邦具备高效的团队组织能力。

众所周知，项羽在中国古代军事史上是典型的骁勇善战的代表，他是楚国贵族阶级，阅读兵书无数，学富五车。而且他继承了家族骁勇善战的优点，有"力拔山兮气盖世"的万夫难挡之勇。因为项羽的高贵出身，当项羽振臂一呼的时候，就有许多有识之士来给他捧场。因此，许多人都投入到他的门下。

而刘邦的各个方面是不能和处于贵族阶级的项羽相比的，他出身于农民阶级，在外人看来，他人品也不太好，没有文化，很多人都瞧不起他，可以说当时的刘邦人缘很差。更不用说他的军事才能，根本不能跟项羽比。

但是，就是这么一个从不被人看得起的人，却在后来的战争中，大败项羽，成了汉高祖。那么，刘邦为什么会成就霸业？据史料记载，刘邦建立大汉朝之后，在洛阳的行宫中犒赏在战争中表现优异的功臣。席间，他跟大臣们说起自己为什么能够取得胜利。

大臣高起说："陛下能战胜项羽，是因为陛下对人真心。"的确，如果刘邦的下属建立战功，刘邦从不吝啬夸赞和奖励。在将士们打了胜仗后，刘邦总是对他们进行丰厚的物质方面的奖励。而项羽却是恰恰相反，他好大喜功，害怕将士们的优越表现会掩盖自己的光芒，于是，每当项羽的部下获得战功，他就会心生妒忌，甚至在很大的程度上埋没了他们的才能。长此以往，项羽便失去了人心，最终孤立无援。

相反，刘邦对待那些有突出功劳的人，不仅会加官封号，还会给他们很多物质上的奖励跟支持。因此，越来越多的人忠心于刘邦。

刘邦在宴席上意味深长地说："我之所以能够取得胜利，是因为我善用有才能的人。而项羽不懂得利用贤士，所以他失败了。"

我们都知道，刘邦欣赏的人才，主要指的就是张良、萧何和韩信。张良是谋臣，萧何具备治国之才，韩信是统帅之将。其实刘邦是比不上他们中的任何一个人的。但是，刘邦非常善于管理人才，善于运用不同人才的优点，来帮助自己建立大汉王朝。

其实，刘邦的成功及项羽的失败，体现的正是管理者的组织化管理的不同效果。真正的领导者，懂得组织好人才结构，并为他们创造出最好的工作环境，以便他们为组织贡献自己的才能和智慧。

作为现代的管理者可以从刘邦和项羽身上学到很多的东西。身为管理者不仅仅要学会欣赏属下的才能，还应该对他们进行及时的奖励。当然，最重要的还是要组织好人才结构，将与企业发展思想相一致的人吸引到自己的身边来，增强企业团队的凝聚力和向心力，加强组织建设，使企业能够在激烈的商场战场中激流勇进，愈战愈勇。

给管理者的忠告

管理者要转变绩效模式，实现并提高组织绩效的时候要注意良好的团队建设。对于一个企业或组织来说，一个强大的人才团队就是企业取得成功的坚强后盾。而对于一个管理者来说，能够点燃整个团队的爆发力，便能使你的企业变得更为强大。

5. 管理工具：从身先士卒到制度建设

当一个企业达到一定规模的时候，管理者都会遇到这样的问题：事情变得越来越多，也越来越复杂，虽然自己很想把每一件事情做好，但的确是心有余而力不足，疲惫不堪。这时候，管理者应该转变自身角色，做到由身先士卒到制度建设的转变。把公司运作好，管理者必须要建立一套完善的制度。制度设计合理、运作有效，公司内部高效运转，员工士气高昂，事业才能蒸蒸日上。

韩非子曾经说过："不任典成之吏，不察参伍之政，不明度量，恃尽聪明，劳智虑而以知奸，不亦无术乎？且夫物众而智寡，寡不胜众，智不足以遍知物，故因物以治物。"韩非子认为，管理者并非仅仅凭借管理者个人的才能，而是要求管理者如何用聪明才智管理自己的属下，让属下"为我所用"。因为个人的能力无论多大都是有限的，而需要去处理的事情是非常多的；如果仅仅凭借管理者一个人的才智，去处理无限的事务，那么管理者只会身心疲惫，难以把握好大局。所以，我们只能够靠制度去管理人才，靠制度去推动组织的运行。

为此，管理者应该把自己的精力放到如何建立良好的制度上去，完备的规范的制度能够规范和引导员工去完成属于自己的本职工作。让制度成为员工工作的一种引导。这样管理可以省去自己不少的时间，而且企业的运行与发展也就不会出现比较大的偏差。所以，高明的管理者总是通过良好的制度去规范企业员工的行为，而不是事事身先士卒。

李嘉诚12岁那年就跟随父母流浪到香港。17岁的时候，他到一家塑胶厂当推销员。20岁的时候，他用自己省吃俭用下来的7000港元，开始了自己的创业——在一个破烂的工棚里创办小塑胶厂。

在开始的时候缺乏资金的支持，而且没有人愿意过来帮助他。从原材料采购、设计施工、生产管理到产品推销，李嘉诚事事参与。花了10年时间，李嘉诚成为香港地区的"塑胶花大王"，使他成了香港的"千万富翁"。

随着工厂规模的扩大、员工的增加、资金的充足，李嘉诚的管理任务也逐渐增多，接下来该怎么办呢？如果还要一个人把所有的事情都干完，显然是非常困难的。多年的从商经历告诉李嘉诚，如果事必躬亲，企业可能就会倒闭。于是，李嘉诚下定决心，转变自己的管理方式，彻底抛弃小作坊主的管理模式，实行现代化企业的管理方式。

李嘉诚毅然把"工厂"改名为"公司"，以前事无巨细都要亲自过问，现在要依靠的是管理人才、专业的技术人才。同时，让属下拥有更多的权力，每个部门有每个部门的职责，充分发挥员工的积极性和主动性，让部下劳心劳力。当然，这个过程并不是非常顺利的，但是李嘉诚仍然坚持自己的做法。

李嘉诚能够成为华人首富，是华人商业里的一个传奇。这个传奇，不仅属于他一个人，而是属于在背后默默支持他的所有人。因为，单凭李嘉诚一个人的力量，是无法打造这样一个超级大国的，从洪晓莲到霍建宁，从李泽钜到李泽楷，无论是亲人还是朋友，都是这个商业帝国的功臣。李嘉诚的厉害之处就在于，知道自己该做什么，不该做什么，能够知人善任，让自己的商业帝国运转起来。

总之，作为企业的管理者一定要在制度建设上做好工作，像李嘉诚这样采取分级负责的方式，这样才能够让组织有条不紊地运行下去。大企业的事务是非常繁多的，身为管理者不可能做到以一决断，任何人都有感情和弱点，公司靠人管总会存在漏洞。因此，靠制度管理才能规避漏洞，实现永续经营。这样，不同部门的人负责不同的事务，员工的行为有相应的法规和规则来规范或引导，那么公司里所有的事情都会做到有条不紊、井井有条了。这才是优秀的管理者所要追求的管理模式。

越来越多的管理者意识到，一个合理、完善、有效的制度，能够让公司走向一个发展的新高峰。只有健全完善合理的制度，才能使公司实现规范有效的管理；只有不断完善的制度，才能让管理走向规范化，从而让管理者从烦琐的事务中解放出来，为领导和员工提供最大的创造空间。

战国时期的西门豹是一个纪律严明的人。在当邺县县令时，他改革吏治，让当地的经济迅速发展起来，邺县在他任职期间一片和谐。

但是，有人向魏文侯报告，说西门豹治理的邺县的仓库居然没有存粮，而且钱库里也没有钱，部队需要的装备也没有。魏文侯听说了这件事之后非常震惊，立刻亲自去视察，而所有的情况一一得到了验证。魏文侯很愤怒，责怪西门豹失职。

西门豹却对魏文侯说："王者使人民富裕，霸者使军队强盛，六国之君使国库充足。邺县官仓无粮，因为粮食都积储在百姓家里；钱库无银，因为钱在百姓兜里；武库无兵器，因为邺县全民皆兵，武器都在他们手中。"

说完，西门豹登上城楼，敲响了钟鼓。第一阵鼓声响过后，一部分百姓披盔戴甲，手拿兵器赶来集合。第二阵鼓声响过后，又有百姓来了，他们推着装满粮的车，到城楼下集合。魏文侯了解到真相之后，非常高兴也理解了这种做法，让西门豹停止这场演练。

西门豹毅然决然地拒绝了。他说："民可信不可欺，今天既然集合起来，就不能随便解散，否则老百姓会认为受骗了。燕国经常侵扰我国的疆土，掠走我国的百姓，让我带领百姓攻打燕国吧。"

魏文侯同意了，让西门豹带兵攻打燕国。他们收回了魏国的许多失地，彰显了魏国的军事实力。魏文侯对他称赞不已，同时也获得了人心。

西门豹成功治理邺县，最成功的地方是取信于民、不失信于民，而且他崇尚严格的法度。所以，大家都听从他的指挥与领导。对任何公司或组织来说，拥有一套完整的纪律规范是企业能够良好运行的基础。建立良好的规范，大家才会有章可循，规范自己的行为。对领导者来说，有了规章制度的规范和引导，整个企业的管理就显得很容易了。

管理者管理企业就像是分蛋糕一样，只有在分蛋糕之前想好如何分、想好规则，分蛋糕时才不会产生问题。企业的运行与发展更需要规则的制约，这样才会避免问题的产生。管理者不必事事都操劳，管理者的运行才显得易如反掌。

企业必须建立完备和完善的规章制度，才能够让员工在自己的岗位上安分守己，兢兢业业，直到完成自己的本职工作。而组织运行规则是方方面面的，它包括责权相等的用人规则、公平公开的晋升规则、自由发挥个人潜能的创新规则等方面。

给管理者的忠告

管理者要完成从身先士卒到制度建设的转变，不必事事都主导，不必事事都参与。一套完善的规章制度，是一个管理者管理人才的法宝。有了规矩可以遵循，管理者才能真正做到奖赏有尺度，做事有分寸，最终实现高效管理。

6. 竞争机制：让员工干劲冲天的好方法

作为管理者最重要的职责不是发现人才、吸引人才，而是通过一定的方式让员工逐渐发展成为人才。因此作为管理者应该学会如何更好地培养员工，让员工最优化地把自己的热情投入到自身的工作岗位上，让员工成为人才，从根本上提升企业的竞争力。

韩愈在《马说》中曾经说过："世有伯乐，然后有千里马。千里马常有，而伯乐不常有。"如果把这句话应用在企业管理中，它就是在告诉管理者要处理好自己和人才之间的关系。管理者应该塑造一定的平台，让员工展现自己的才能。而这样的管理者是少之又少的，所以有洞察力的管理者应该学会如何塑造人才，让有能力者上位，从而带动企业整体的快速发展。

为此，管理者应该建立完善的人才竞争机制，很显然，这也是管理者推动企业人才结构优化的一种方式。在这种条件下，企业的发展所需的人才才会源源不断，而且这些人才是在企业内部发展起来的，从很大程度上讲，这更加有利于企业的发展。

其实，在社会主义市场经济中，企业的发展也是企业内部的人才竞争。企业建立完善的人才竞争机制，既能够培养优秀的人才，同时也是为了淘汰掉那些表现不太好的员工。为此，管理者可以在企业内部合理地引入"末位淘汰"机制，以淘汰那些庸才，不断地引进人才，增强企业的活力。

众所周知，挪威人非常喜欢吃新鲜的沙丁鱼，但是捕获的沙丁鱼大部分会在返航的途中窒息死亡。于是有人就想了个聪明的办法，在鱼舱里放了几条鲶鱼，结果沙丁鱼受到鲶鱼的威胁不停地四处游动，避免了窒息而死。

联想集团在中国IT行业也可以算得上是占有一席之地，联想能够有今天的地位和它的优秀的经理人队伍是分不开的。每年年底，公司经理和员工都要花费大量的精力和时间去制定明年的年度规划，并且要求所有的员工都要对自己的职责负起应有的责任。这样公司整体的目标才会达到预期，在这一点上所有人一视同仁，是没有新老员工之分的。

既然大家都有了明确的目标，就要为之而努力，如果有哪个目标没有完成，哪个岗位的人就要对此承担应有的责任。而这也是与考核息息相关的，体现在季度、年度的个人绩效成绩上。在这一点上，好就是好，不好就是不好；行就是行，不行就是不行。好与坏不是凭个人意志而转移的。

此外，联想每年的考核还有一定的淘汰率，淘汰的依据就是个人的季度、年度考核成绩。但这种淘汰并不是简单地通知走人，而是给这些员工一些机会，把他们调离原来的岗位，让员工在与原来不同的部门、不同的岗位上去做新的尝试，以便人尽其才，因为有可能在这个位置上不太合适，而在另一个位置上就会大显身手。但经过调岗，仍不能胜任工作的，最后只能够被辞掉。

事实上，管理者在企业中建立比较完备的竞争机制，这样员工就会认为竞争是客观存在的，员工就会有意与无意地卷入到这场竞争中去，那么员工就会拼搏向上。所以，在平时的管理过程中，一定要善于运用团队成员的"争胜"心理，合理地引入竞争机制，让团队成员知道竞争对象的存在，从而成功地激发员工的工作积极性，提升工作效率。

在硅谷内流行着这样的一句话："业绩是比出来的。"如果没有竞争就永远没有最好的成绩。那里的企业管理者注重持久性地保持员工的"竞争"观念，培育员工的竞争意识和竞争能力，增强员工对于"竞争"的认可度。让员工时时都有竞争的意识，让所有的员工都意识到这样的一个规律：已经获得的成绩是暂时的，如果稍加放松，个人和企业的竞争实力就会不堪一击，导致最后总的失败。

管理者给了员工长期竞争的环境，同时也要给员工打造施展才华的舞台。因为人才价值要得到更大程度的发挥，需要管理者提供一个舞台，员工有了施展的空间，才能够发挥自己的才能。即使是在竞争的环境中，如果没有舞台，也是不能够发挥自己才能的。再有本事的人都无法发挥自己的聪明才智，那么人才的命运只能是怀才不遇的下场。

在日本，某设备工业公司材料部有一位名叫山本的优秀股长，凭借本身的聪明能干和踏实肯干，他很快就被科长发现，并且委以重任。曾在该公司做过调查与采访的富山芳雄认为，如果这件事情往好的方向发展，山本这个人可以说是前途无量。

但是过了几年，富山芳雄再次到这家公司做调查时，发现山本的处境没有自己想象中的那么好。富山芳雄原以为山本已升职，当上总经理了。可是他却是个小科长，而且生产指挥系统的第一线也没有让他参与进去，只当了一个材料部门有职无权的空头领导。

富山芳雄对这件事情很好奇，经过一番仔细的调查，才弄清了事情的原委。原来，这几年里，山本的上司换了3任。每一任科长都有自己的原因，都没有调动山本，让他升职。于是，他只好长期被迫反复做同样的工作，根本就没有升职这种机会。

随着时间的逐渐推移，山本和原来大不一样，也逐渐变得主观、傲慢、固执，根本听不进别人的意见和见解。又因为他对工作的过程非常熟悉，根本不肯采纳属下给他提的建议，最后变得独断专行、盛气凌人。结果，大家都不愿意和他一起工作，最后他被调离第一线的指挥系统。

作为员工是否进步，是否能够学习到很多的东西，这和管理者是有直接关系的。就像山本一样，因为频繁地更换领导，而各个领导又都没有重视他，这才导致了他在职业生涯上的失败。其实这对管理者来说也是十分不利的状况。所以，管理者必须给员工更多的舞台来展现他们的才能。公司员工的升值，也是对企业非常有利的。管理者必须明白这一点。这样员工与管理者之间才会达到双赢。

所以，管理者必须给员工一个自由发挥的空间，让员工尽显自己的才能，不要对员工采取过多的干预。或许没有管理者的干预，他们可以做得更好。因此，要学会让员工放手去做。其次，管理者应该找准机会把员工推到前台，让员工在各个任务前崭露头角，这样员工既有了表现的机会，又有了工作经验。同时也能够调动员工的生产积极性，激发员工的工作热情，唯有这样，才能让企业在市场中立于不败之地。

给管理者的忠告

企业的管理者应该也必须把竞争的意识融入企业的正常运行当中去，积极引导员工之间的良性竞争，从而在企业内部形成科学、公开、公平、公正，优胜劣汰的竞争机制。管理者这样做，看似培养优秀的员工，其实也是为企业的发展注入新的活力与动力。

第十二章
管理手段的学习：让每一分努力都产生价值

> 管理者是企业的动力来源，只有统筹兼顾，实施科学管理，才能激发每一位员工的力量。所以，管理者一定要为企业的现在和将来多做打算，而不是为自己的私人利益殚精竭虑，甚至为了自己出卖企业。管理者做好自身还远远不够，还需要看准人、选对人，用团队的力量去创造更大的成功。

1. 发挥团队而不是个人的力量

我们经常会说"人多力量大""团结就是力量",这都表明团结协作的重要性。团结就是为了集中力量,协作则是互相配合,实现共同的理想,完成共同的目标。一根筷子容易被折断,但一把筷子却很难被折断,这是因为每根筷子相互支撑合为一体,因而抵御外界的力量大大增加,远远超过单根筷子的能力。

企业的发展也是同样的道理,一个企业的成功绝不是依靠老板一个人的努力就能实现的,必须依靠所有的员工,用团队的力量实现企业的腾飞。因而,团队的力量是不容小觑的。当大家团结一心,为了共同的目标而努力奋斗,就能为企业带来意想不到的效益。因此,作为一个企业管理者,必须重视和发挥团队的力量。

今天的企业想要成功,单纯地依靠某个英雄人物早已不现实,没有他人的协助合作,一切都是空谈。尤其在现代化的企业里,有能力的个人固然不可或缺,但是完美的、上下一心的团队却更加重要。企业如果缺少一支高效的团队,势必成为一盘散沙。或者可以这样说,今天企业的核心竞争力就体现在是否拥有一支高效的团队。

某家颇有影响的公司招聘中层管理人员,9名应聘者经过层层筛选从上百人中脱颖而出,进入最终的面试环节。公司董事长在看过这9个人的详细资料后,相当满意,但是此次招聘只需要3个人,所以董事长给出了最后一道面试题。董事长将这9个人随机分成三组,指定第一组的人去调查当地女性用品市场情况,第二组调查婴儿用品市场情况,第三组调查老年人用品市场情况。

董事长解释说:"我们最终录用的人主要负责市场销售部门,所以你们必须要拥有高度敏锐的市场洞察力。让大家调查这些市场情况,是想看大家对一个新行业的适应能力。为了避免大家盲目开展调查,我已经叫秘书给大家准备了相关资料,你们可以适当参考。"

经过了三天的市场调查,9个人都把自己做好的市场分析报告交到了董事长手中。董事长仔细翻看后,马上走向第三组,和每个人一一握手后说道:"恭喜你们三位,你们已经被本公司录取了。"然后,董事长看着大家疑惑的表情解释道:"可能你们还没搞清楚状况,把我给你们的资料打开来看看就明白了。"

大家互相查看手中的资料,发现每个人的资料都不相同,把三个人的资料放在一起查看正好是对各组用品市场过去、现在、将来的市场分析。董事长说:"第三组的人懂得团结协作,他们互相借用了对方的资料,补充了自己的分析报告。而你们第一、第二组的人却分别行事,不懂得团结协作。我出这样的一个题目,就是想考察你们的团队意识。要知道,现代企业想要成功,离不开团队合作精神。"

团队合作并不需要花费很多的时间和精力,但是却能让自己的工作效率大大提升一截。了解这一点我们就不难明白,为什么很多人在公司里独来独往,让自己的工作一团糟了。遗憾的是,在现代社会里,很多人依然对团队的力量认识不到位。要么好大喜功,认为自己"天下第一",无须别人的帮助照样能够成功;要么在工作中遇到困难了仍然不愿向别人寻求帮助,喜欢一个人硬着头皮继续蛮干。其实,这样的做法都是消极、片面的。在专业化分工越来越细化的今天,单靠一个人的力量无法应付工作中出现的各种问题。虽然有的人能力超群,能够单凭一己之力就取得成功,但是这样的人毕竟是少数。如果你把自己的能力和他人的能力结合起来,那么结果绝不会是"1+1=2",而可能是"1+1>2"。

团队的力量是巨大的,如果你具备良好的合作精神,在无形之中你的工作业绩也将大大提升。只有把自己完全融入到团队之中，依靠团队的力量，才能完成那些看似不可能的任务。聪明的老板知道，成功的捷径就是充分利用团队的力量。当一名员工为自己的工作表现出自负或者自傲的情绪时，他的工作进度就会受到影响。这是老板们不愿看到的，这不仅对他自身，对整个公司都是百害无一利的行为。

圣安东尼奥马刺队是一支美国的职业篮球队，于1976年加入NBA联盟，现已成为联盟中实力最强的球队。虽然马刺队没有像乔丹、约翰逊那样的英雄人物，但是它却多次打进NBA总决赛，而且一路走来，队员们依靠着团队合作的精神，不断获得佳绩，令所有人刮目相看。

谈起成功的经验时，马刺队的著名球员邓肯总结说："在比赛中，一个人打得再好也比不上一个团队，你必须要依靠他人的协作才能赢得比分。"篮球比赛讲究的是团队协作，每一位队员都是集体中的一分子，一个人是唱不来独角戏的。同样，足球也是集体项目，每个队员都需要充分合作才能获得胜利。

曾经获得过亚洲"足球先生"的中国球员范志毅说："当你拿到一个球的时候，你可以选择自己射门，也可以把它传给队友，这正是考验你团队精神的时候。如果你传给队友可以获得百分百的破门机会，那么哪怕你自己射门的成功率是99%，你也要把球传给队友。"

某些人在某一方面可能是天才，所有的人都比不上他，但他却不可能是全才。因此，无论在什么时候，我们都必须发挥团结协作的精神，只有这样才能把成功的概率大大提升。发扬团队精神的目的就在于提高团队的工作业绩，让团队的工作业绩超过单个人的业绩，使团队的业绩大于各部分之和。那么，如何发挥团队的力量呢？我们不妨参照以下的标准。

（1）充分培训，提高认识。

改变以往的运作方式，让团队中的所有人明确掌握当前业务的各方面知识，要做到了如指掌，才能在之后的工作中提高效率，应对困难。

（2）摒弃旧俗，创新理念。

摒弃一切依赖命令、威胁、惩罚的管理方法。这些落后、过时的管理手段只能奏效一时，却无法建立起长久的、有助于提高生产力和质量的方式，团队协作需要的是聪明的教练，而不是精明的老板。

（3）关心员工，重视员工。

管理之道就是让员工感受到你的信任，相信他们能够参与到团队建设中并创造出成绩来。当员工觉得自己受到重视，他就会更加努力，更加出色地完成任务。如果你的员工相信你关心他们的利益，他们就会百分百地努力工作。

（4）纠正不足，明确方向。

领导者要善于让团队纠正个人的不足，在团队中每个人都有随大流的心态，希望得到周围人的认同。当团队中有一位员工做事不到位，老板不需要亲自出面提醒，只需要用团队的意见来影响员工，让员工主动发现团队的看法，主动改正。

（5）明确赏罚，适当奖励。

在评论功过时，要把团队的表现放在第一位，树立集体意识，而不是把单个人的表现放在第一位，让某个员工在团队中锋芒毕露，这样不利于团队的和谐稳定。

给管理者的忠告

作为团队的领导者，必须让每一位员工都有充分的参与意识，不断提升集体意识，提高协作精神，并且在这种精神的指导下发挥优势互补作用。如果一个团队中的每个人都能发挥自己的才能，那么整个团队就能充满生命力和战斗力，所向披靡，战无不胜。

2. 学会驾驭工作中的复杂局面

随着企业的不断壮大，管理者面对的问题也会越来越多，越来越复杂。很多管理者面对复杂的局面一时慌了神，不知道该怎么解决，而失去领头羊的下属们更是只能四处碰壁。复杂局面让每一位管理者都头疼不已，而如何驾驭工作中的复杂局面更是成为每一位管理者都要学习的必修课。

其实，早在古代，我国就已有人提出了解决办法。在《唐李问对·卷中》提出了"以奇示敌""以正击之"的"奇正相变"的思想。所谓"奇正相变"就是提醒领导者要灵活应变，不断变换方法处理复杂局面。在企业的经营中也可以用同样的方法，所谓的"正"即是常用的管理方法，而"奇"则要出奇制胜，用独特的、不常见的策略来解决问题。当管理者陷入经营困局时，必须要学会灵活应对，不断变换战术，才能摆脱被动的局面，先发制人，取得成功。

公元前204年，韩信准备向东攻打赵国。他带领着一万多人马穿过太行山脉，却在井陉口停住了。这是一条百里多长的狭窄驿道，易守难攻，想要越过十分困难。而此时，赵军在此地集中了大量兵力，先占据有利地形，等韩信的军队一到便出其不意，给对方致命一击。

其实，赵军的充分准备完全多虑了。因为，韩信只带了一万人马，而且大部分是新兵，经过长途跋涉，士兵们早已筋疲力尽，战斗力不断降低。不仅仅是数量上不占优势，当前的局势更是对韩信的军队不利。面对如此窘境，韩信想要强攻无异于以卵击石，不仅不会胜利，反而会全军覆没。韩信只好让士兵们先驻扎下来，再做安排。经过几日的深思熟虑，韩信觉得，虽然不能强攻，但可以智取。由于几日来，赵军见自己的军队没什么行动，士兵们早已松懈，守卫也不似之前那般森严，这就有了可乘之机。

在一个月黑风高的夜晚，韩信带着两千轻骑，从山间小道偷偷地潜入赵军后营埋伏，趁守卫巡逻之际将汉军的旗帜插上，然后原路返回。接着，韩信带着大队人马向井陉口进发，又命其他人马在河边背水列阵。赵军看着韩信的指挥，笑他不懂兵法。天亮之后，双方开战，由于韩信的背水阵使得军队无法逃脱，只能釜底抽薪，背水一战。由此一来，所有的士兵们都拿出了百倍的力气，奋力杀敌。而此时，早已埋伏好的两千轻骑兵又趁机杀入敌营，到处插上汉军的旗帜。正在战斗中的赵军看到背后的军营插满了汉旗，一时军心打乱，被韩信一举击败。

韩信的背水一战用的正是"奇正相变"的战术，当他处于劣势时，先让士兵们有了危机意识，再巧妙地结合实际情况，用看似荒谬的方法将劣势化为优势，由被动转为主动，提升作战空间，最终取得胜利。由此不难发现，当我们面对复杂局面的时候，依靠原有的策略难以有效突破，这时不妨采取灵活的办法，灵活应对，让自己从灾难的深渊中突破出来。

比尔·盖茨曾经说过："一家优秀的公司离破产只有短短的18个月。"也就是说，无论你的企业发展到什么境界，有什么样的成就，身为管理者都不能掉以轻心，要时刻树立危机意识。一个缺少危机意识的管理者，会被一时的平稳发展所迷惑，一旦面对复杂的局面就会手足无措。而一个始终保持"如坐针毡"的管理者，面对再大的困难局面都会泰然处之，毫不畏惧。

古人云：居安思危。即使现在的生活处境十分安逸，也绝不能掉以轻心，忘记为未来潜在的风险做准备。当代的企业更是如此，如果只贪图目前的良好发展情况，不为将来做打算，等到有一天你的竞争对手将你打得一败涂地，那时候后悔也晚了。

20世纪70年代，美国克莱斯勒公司由于经营失误导致企业破产，一时间陷入了难以逃脱的困境。当时全公司上下对开发研究新产品，重新组装流水线等长期目标缺乏必要的热情，从而导致这场危机的到来。其实公司的危机早已出现，面对资金和创新型人才匮乏的局面，员工们甚至是高层的领导者都不在意，而只是一味地选择模仿其他公司的同类产品，这就直接导致了自己的产品缺乏竞争力，只能徘徊在市场的中底层次，失去了赚取高额利润的机会。

缺乏创新、业绩低迷，这些问题一直困扰着克莱斯勒公司，直到李·艾科卡的加入才有效改变了这一切。当李·艾科卡上任后，立即开始了一系列改革措施，他曾经在福特公司亲自参与过多款新型汽车的设计与研发，在汽车行业有着独到的理论见解和经验。当他来到克莱斯勒公司后，果然不负众望，立马整顿队伍，开发适销对路的新型产品，最终使得公司的产品重新占领市场，大大提升了公司业绩。

"生于忧患，死于安乐"是古人给我们留下的智慧和经验，当我们缺乏危机意识，企业的经营看似一帆风顺，其实内藏危机，一旦危机迸发，管理者就会手足无措，难以找到针对性的措施。因此，无论你的企业发展到哪一步，管理者都要树立危机意识，预见企业发展的风险，提前做好危机应对预案，做到"未雨绸缪"。只有时刻树立危机意识，让自己感受到企业即将破产的困境，才有勇气大刀阔斧地选择改革，整顿企业中出现的各种不合理的制度，在原有的模式中寻求突变，寻找创新。

对于企业管理者来说，面对复杂的工作局面需要掌握以下几点。首先，要树立革新思想。时代是变化的，商场中更是风起云涌，不管是市场的变化还是投资环境的变化都能引起巨大的连锁反应，甚至是危及企业自身。如果管理者不能及时预见这些变化，就会失去改革的机遇，为企业带来巨大的损失。因此，管理者必须要懂得与时俱进的意义，根据不同的变化选择合适的改革措施，灵活应对各种复杂的局面。身为企业的领头人，只有管理者率先具备了革新的思想，才能为今后的各种困境制定相应的措施和行动，带动整个公司一同革新，让企业不断焕发新的生命力。

其次，要有危机意识。居安思危，未雨绸缪，无论处在多么安逸的环境中都不能麻痹大意，特别是在当今的时代。企业的发展看似顺风顺水，有着无穷的机遇，但是却不可忽视机遇背后的风险。如果只看到机遇而忽略风险，就容易被市场的变化淘汰出局。因此，危机意识要从管理者开始树立，只有树立了危机意识才能为危机处理做好预案，才能在市场竞争中不断推陈出新，走在前沿。企业领导人要把危机扼杀在摇篮里，做到防微杜渐，当危机出现苗头，要及时应对；当危机来临，更要遇事不惊，掌握控制危机的主动权。

给管理者的忠告

企业在保持当前优势的同时，要着眼于更广阔的市场环境，保持居安思危的心态。管理者要不断收集外部环境的信息和竞争对手的发展状况，更要着眼于自身的发展状况和内部情况，将危机缩小到最低，防患于未然。

3. "戴高帽子"是一种聪明的管理术

"谦虚使人进步，骄傲使人落后"，在中国人的传统观念里，一直都认为人是不能夸的。一旦赞扬了一个人，就容易使其滋生出骄傲自满的情绪，最终一事无成。而事实真的是这样吗？其实每个人都喜欢听赞美的话语，当一个人得到他人的表扬时，他的自信心会得到极大的提高，他的生活态度更会发生积极的转变。特别是在公司管理中，如果领导者能够给自己的员工"戴高帽子"，那么员工的热情将被大大激发。

企业员工十分重视管理者对自己的评价，他们往往根据管理者的评价来评估自己的价值。当一个员工饱受批评和责骂，那么他将失去对公司的信任，失去继续努力工作的欲望，不断堕落。当管理者经常赞扬员工，充分满足员工的荣誉感和成就感，使其精神上得到鼓励，那么这名员工的创造性和积极性将得到极大的提升。

很多公司管理者认为，向下属施威是一种行之有效的管理办法，它能够帮助管理者迅速建立起威严，用惩戒的方式给员工们树立警示作用，起到杀一儆百的效果。但是从人的本性来看，人们都喜欢做愉快的、轻松的工作，没有人愿意被人指指点点。员工们也是如此，他们希望自己能够按照领导的指示，做好分内的工作，然后得到领导的嘉奖和鼓励。如果管理者对员工的成绩漠不关心，甚至视而不见，那么将极大地降低员工的积极性，员工的良好表现也难以维持下去。所以，管理者要为员工送上一份"赞扬"的礼物，戴上一顶"高帽子"。

《美国商业周刊》曾撰文介绍通用公司执行总裁杰克·韦尔奇,在文章中引用了美国密歇根大学管理学院一位教授的话:"20世纪有两位伟大的企业领导人,一位是通用公司的斯隆,另一位就是韦尔奇,然而韦尔奇要比斯隆更加伟大。"韦尔奇一直被人看成是一个怪人,在工作中,韦尔奇十分讲究底线和结果,对工作一直一丝不苟。当年刚刚走马上任的时候,就在公司宣称凡是业绩倒数的员工都将被辞退。对此,多数员工都认为韦尔奇实在太过严厉,这样的目标难以达到。但是在重压之下,每个人又没办法反抗,只得拼命工作。

其实,韦尔奇并不是一个只知道对下属严苛的人,他懂得如何对症下药。在多年以前,一位中层主管要为韦尔奇主持一项会议。当时这位主管早已听闻韦尔奇的行事风格,他生怕自己在主持会议的时候出现差错被辞退,但是又掩盖不了紧张的情绪。在主持会议之前,这名主管坦白地对韦尔奇说:"今天早上出门前,我的太太对我说,如果这次会议搞砸了,我就不用回家了。"韦尔奇听完哈哈大笑,没有说什么。

当会议结束之后,韦尔奇命人给那名主管送上一瓶香槟,还给那位主管的妻子送上了一束玫瑰花,韦尔奇在便签上写道:"你先生主持的会议十分成功,我很抱歉让他最近几个星期忙得一塌糊涂。"当那名主管和他的妻子收到来自韦尔奇的礼物的时候,他们欣喜万分,觉得荣幸之极。

什么样的领导才能称得上是优秀的领导呢?他既能用威严来束缚员工,同样也能用微笑表扬员工,恩威并施才是一名优秀领导的管理方式。在这一方面,韦尔奇就做得非常到位。在中国古代,乾隆皇帝也会用"戴高帽"的方法来管理自己的官员。

乾隆在位年间,大兴文字狱,搞得人人自危,几乎不敢再动用笔墨,几篇吟游诗作、几句赏花吟月之词都有可能给自己招来杀身之祸,让自己命丧监狱之中。乾隆皇帝虽然用这种严酷的方式巩固了自己的皇位,但如果你觉得他只会用这一招来对待文人墨客,那么你就大错特错了。文人是一直很强大的力量,他们虽然不能带兵打仗,但是却可以左右舆论方向。乾隆皇帝深知文人的力量,于是在用严刑惩罚他们的同时,也会给他们戴上高帽，让他们效忠自己。

对待部分文人，乾隆采取了怀柔政策，他规定任何人见了大学士，都要行礼，并且尊敬地称呼对方为"老先生"。如果这位大学士同时还是自己的师傅，那就必须称其为"老师"，自称为"门生"或者是"晚生"。

在招揽人才方面，乾隆也采取了一定的措施，他十分重视科举考试，不断网罗人才为自己所用。乾隆还特别重视那些归隐山林的仁人志士们，他命当地的官吏向其举荐，直接由自己在大殿中面试。这种活动乾隆共进行过三次，总共录用了24名隐士。这些重出山林的隐士们自感皇恩浩荡，对乾隆更是忠心耿耿。

乾隆对待文人墨客们可谓是煞费苦心，既要施以威严，又要施以恩惠，恩威并施无形之中拉近了与文人们的距离。重用文人，就是对他们能力的认可和赞扬，在文人心中树立了明君贤主的形象，从而使得这些文人忠心于大清朝，效忠于乾隆皇帝。

肯定一个人比否定一个人来得更容易，常常鼓励自己的员工、赞扬他们并不是一件难事，反而是一件极为有效的管理手段。可能有的管理者会觉得，我已经为他们的付出支付了报酬，为什么还要多余地去赞扬他们呢？难道完成工作不是应该做的事情吗？诚然，员工得到报酬是一种权利，他们可能不会感谢你支付的报酬，但你的赞美却是一件礼物，他们会从心底里感谢你。这种感情是无价的，转化到行动上的结果更是惊人的。

心理学家杰斯莱尔说过："赞美就像温暖人心的阳光，每个人都无法离开它。"赞美是对他人的肯定和尊重，是给予他人最好的礼物，经常赞美别人更是一项利润丰厚的投资，被赞美的人感受到的是你的好心和善意，回报你的将是信任和友谊。每个人都希望被人"戴高帽子"，被人深深地赞扬，但并不是所有的赞扬都能起到作用，有时候戴高帽可能会引起坏的效果，所以管理者在对员工进行赞美时要注意以下的原则。

第一，赞美要真诚。管理者对员工的赞美要发自内心，态度要诚恳真实，用词要贴切妥当，切忌冷漠应付或者夸张虚构。管理者对下属的赞美要根据员工的真实情况，必须建立在对员工了解、信任、尊重的基础之上,赞美时要能够唤起员工的亲切感和共鸣。如果管理者采取冷漠的态度或是虚假的言辞,只能给员工故作姿态、敷衍客套之感。

第二,赞美要适度。管理者对员工的赞美要实事求是,切忌随意拔高。如果管理者在赞美时信口开河,不顾实际情况便大做文章,随意夸大事实,那么说者无意听者有心,员工很可能觉得你是在嘲讽他,把他当成笑话。另外,管理者如果赞扬的人数、次数太多,就容易让自己的赞扬太过廉价,失去权威性和积极作用。

第三,赞扬要及时。一旦员工取得了一定的成绩,管理者就要及时予以奖励和肯定。每个人都希望自己的成绩被他人赞同,获得他人的赞赏,因此,管理者要及时对员工的行为进行反馈,为他们取得的成绩感到开心和赞赏。

给管理者的忠告

员工的成长离不开管理者的扶持,赞扬员工是一种英明的管理方式,更是一种回报颇丰的情感投资。如果管理者能够恰当地给员工予以表扬赞赏,就能帮助员工们成长,并与员工建立起和谐的关系,为企业的发展奠定良好的基础。

4. 职位越高的人，给他越多的事

一个大公司，与只有三五人的小作坊不同，必然有着复杂的管理体系，既有高层决策人员，也有中层管理人员，更有基层的普通员工，每个层次的人各司其职，负责不同的事务。通常，当一个人做到了企业的管理层后，就认为自己可以高枕无忧，再也不用在基层中奔波劳碌了。其实，这是一种错误的想法。能够走到一个企业的管理层，那么这个人的能力是不容置疑的。中国自古就有句古话叫做"能者多劳"，既然你能力出众，能够走向高层，那么你就应该担负起更艰巨的任务，继续为公司的长远发展做出贡献。

可以这样说，越是职位高的人，就越要给他更多的事情去做。一个人如果无所事事，就会丧失原有的才能，泯然众人。因此，领导者要学会充分调动不同层次员工的积极性，不断激发他们的工作热情，发挥他们的价值。对于职位高的人，要尽可能地让他们去承担更重要的任务，锻炼他们的能力，提升他们的技能。

某杂志曾对香港的白领们做过一项调查，调查显示香港人平均每周工作50个小时，而且越是职位高的人，工作的时间就越长，有的甚至达到100个小时。这与人们平日的想法大为不同，很多人觉得公司里的高层平常看起来无所事事，甚至都不来公司，怎么可能会工作这么久呢？

香港中文大学也曾对此做过类似的调查，他用采用电话采访的方式调查了当地5000名私营机构的员工。调查发现，40%的受访者表示自己经常加班，每周工作大概50个小时。20%的人每周工作60到70个小时，35%的人每周工作55到60个小时，5%的人每周工作50到55个小时。在受访对象中，大多都是受到过良好教育的专业人士，他们的职位和收入都处在较高阶层。

对于这样的调查结果，很多基层员工沉不住气了。他们纷纷表示抗议，宣称自己才是工作强度最大的人，每周加班的时间最多，而高层管理人员怎么可能会超时工作？他们是公司里最轻松悠闲的人才对。对这一示威抗议，很多高层人士进行了反驳，他们表示，正是因为自己处在公司的高层，所要负责的工作才会更加重要，处理的事务才会更加繁多，这与大众的习惯思维是不同的。

由于这些人处在高位，职能超然，他们所要负责的事务是普通基层员工无法处理的，因此必须事必躬亲。此外，由于这些人所处的位置不同，责任巨大，工作必须当日完成，如果不断拖延就会影响到公司的正常运转，造成巨大损失。对于高强度的工作量，这些人并没有过多的怨言，他们表示，只要不超出心理的预期，再多的任务也能欣然接受。

职位越高的人能力越强，要担负的工作就更加艰巨，责任感也就会越高。他们觉得自己的工作是无人能够代替的，在他们心里，完成工作就是实现个人价值，所以承担的越多就越满足，越能在工作中体会到不一样的乐趣，即使看似无法完成，也能把每项工作做得井然有序。职位越高的人所要承担的责任就越大，因此在工作中决不能轻易松懈，否则就会带来严重的后果。

张宇原本只是一名不起眼的销售人员，但是他凭借自己的努力逐步爬升到公司销售经理的职位。一路走来已有十年之久，张宇此时正是三十四五的黄金年龄，如果他继续努力很可能有更大的成就。但此时的张宇却产生了偷懒享乐的心理，他觉得这么多年来一直风里来雨里去的太不容易了，看遍了各色面孔，尝尽了冷嘲热讽，现在终于当上了经理，是时候享受享受了。于是，张宇也不管公司的业务，从原本十几个小时的工作时间一下子缩短到每天五六个小时。由于是销售部的经理，下属们不敢有什么非议。张宇每天也不听报告，不参与晨会，把时间都花费在打高尔夫球和吃饭聊天上。

这种奢靡的生活仅仅过了半个月，下属们就已滋生了许多怨言，他们觉得张宇好吃懒做，游手好闲，每天只会享乐却不顾公司的管理和业务，根本不是经理应有的作为。由于疏忽了工作，张宇的威信也大打折扣，员工们的抵触情绪不断增长。尽管与员工的距离越来越远，但张宇显然不把这当一回事，渐渐地，很多员工开始选择辞职跳槽。而当张宇发现问题逐渐严重后，为时已晚。由于大量员工跳槽，给公司造成了难以挽回的损失，张宇也被公司董事们辞退。

张宇虽然有能力，但是觉悟却不高，造成这样的结果需要他深深地反思。如果一个人不断地向上攀爬，他肯定会非常乐意接受领导布置给他的任务，越多的任务、越重要的事情越能体现一个人的能力和价值。能力越大，职位越高；职位越高，责任越大；责任越大，工作越多。身处职场中的人必须要明白这个道理。面对具有挑战性的工作，一定要迎难而上，这不仅能锻炼自己的能力，更能彰显自己的价值。

企业做大做强了，人员就会越来越复杂，管理者除了需要设计严密的管理制度外，还需要掌握人员管理的差异，采取针对性的策略，使得人尽其才。

（1）任务量随着职位的增加而增加。

当员工的职位提高的时候，还需要适当增加他的工作量。管理者要明白，职位的提升意味着肩负着更巨大的责任，要让高职位的人做更多的事情，只有这样才能让他们不会玩忽职守。如果地位和薪酬都得到了提升，但是工作量却还和原来一样，那么员工就容易产生懈怠情绪，滋生不满。

（2）给高职位的员工适当的工作弹性。

许多人都有这样的体会：上司说的话却不算数。因为一切都在变化，企业面临的外部环境、企业内部的组织结构都在不断变动。对于领导人来说，他们需要不断调整策略，才能适应复杂多变的局势，保证企业的正常运转。因此，对于高职位的员工不能管得太严、太死，要保持一定的弹性，给他们足够的空间，这样才能调动他们的积极性，发挥其价值。

给管理者的忠告

员工只有职位高低之分，绝无贵贱之分，他们都是为公司服务，为公司创造价值的人才。但是对于高职位的员工却需要"特殊对待"，如果他们得不到更多的工作量，一方面会认为自己的才能无法发挥，得不到应有的重视，进而产生失落感，从而工作不积极；另一方面，他会产生懈怠情绪，对工作的激情大大降低，由此一来，周围的同事也会受其影响，在公司内部形成消极的情绪氛围。总之，领导者在面对高职位的员工时，要主动给他们更多、更重要的任务，发挥他们的人力资源价值。

5. 好的制度会使"坏人"变好

企业的制度是什么？一般来说，它是企业内部一系列成文或不成文的规则，或者说是企业贴上个性标签的经营管理办法。企业用这一套制度约束内部人员的行为，或者为人的行为划出一个合理的受约束的圈子。同时，它还能够保障和鼓励这些人员自由地活动。通俗地来说，企业制度就是一种标签或者符号，将企业中人的行为分为两类，一类是"符合企业利益的行为"，另一类则是"不符合企业利益的行为"。企业管理者依据制定好的规则对员工们进行奖惩，褒奖员工"符合企业利益的行为"，惩罚"不合乎企业利益的行为"，从而有效保证员工们能够约束自己，提高工作效率。

由此可以看到企业制度对企业管理的重要性，所谓没有规矩不成方圆，一个企业内部需要管理的事项十分复杂，而一套科学、严谨、规范的规章制度能让所有的管理工作变得井然有序。更重要的是，一套好的规则制度能改变员工的不良行为，彻底改造一个人的价值观，让"坏人"变好，让好人变得更好。

英国政府在18世纪末期决定实行移民政策，将一大批罪犯发配到南半球的澳洲大陆。英国政府制订了长远的计划，决定让这批罪犯开发澳洲。但是，由于最初制定的制度存在缺点，能够安全到达澳洲的犯人并不多。于是一大批私人船主开始主动承包起运送犯人的工作，为了在当中牟取高额利润，他们不断地寻找制度上的漏洞。

英国政府与部分私人船主达成协议,按照上船的犯人数量支付一定的运费。当时运送犯人的船只大多是经久失修的破旧货船,船上设施简陋,既没有一定的医疗用品,更没有医生,因此很多犯人在途中生病难以得到救治便被抛到汪洋大海之中。船主为了拿到足够多的利润,根本不顾船上有限的空间,尽可能多地装人。一旦船只离开岸,船主就不再考虑这些人是否能活着到达澳洲了。有的船主为了削减支出,甚至故意断水断粮,让这些犯人忍饥挨饿。

这种运送犯人的方式一直持续了三年之久,大多数的犯人在半途就已死亡,其中最严重的一艘船上竟然死了160个犯人,死亡率高达37%。英国政府面对这一巨大的死亡率终于开始想方设法地改变策略,如果不改变运送犯人的方式,那么移民的目的就无法达到。起初,英国政府在每一艘船上都安排一名政府官员进行监督,再派一名医生负责船上犯人的医疗卫生状况,同时对船上的生活标准进行了硬性规定。但是这样的举措却没能收到效果,犯人的死亡率非但没能降低,政府派出的官员和医生却莫名其妙地相继死亡。原来,一些船主见钱眼开,威逼利诱那些官员同流合污,如果稍有反抗就把他们扔进大海。

面对这群穷凶极恶的船主,英国政府只得将他们召集起来,进行"关爱生命,珍惜生命"的教育培训,教导他们要珍视生命的可贵,让他们明白去澳洲开发是为了英国的长远大计,不要视金钱为生命。但是这群只认钱财不认人的船主却毫不理会,他们照旧按照原来的方式运送犯人。一位英国议员经过多方调查,终于发现制度上的漏洞。由于英国政府是按照上船犯人的数量向船主们支付报酬,因此船主只顾收钱便再不理会接下来的事情。于是他向政府提议,以到澳洲上岸的人数为准向船主支付报酬,也就是说,不管你在英国装载多少犯人,只有到澳洲上岸的时候才开始清点人数并支付报酬。

填补了制度上的漏洞,问题也就迎刃而解。政府无须再派官员进行监督,更不用派遣医生照看犯人的健康状况,船主会主动请医生上船,并配备最好的药品,为犯人们提供优质的生活环境。船主们都明白,只有尽可能让每一位上船的人安全到达澳洲，自己才能多一份收入。自从该项制度实施以来，船上的死亡率下降到1%左右，有的船只甚至在几个月的航行中无一人伤亡。

由此可知，如果一个公司的制度设置得合理便能发挥人员的积极性，创造出更多的利益，而当制度存在漏洞和偏差，就会使得人员散漫、懈怠，让效益不断流失。因此，好的制度会让"坏人"变好，而不好的制度则能让好人变坏。

明太祖朱元璋在位时，曾下令建造船只运送粮食。但是很多船匠在造船的同时却想着牟利，他们在船造好后，往往会虚报所用钉子的数量，企图从中捞一笔油水。由于船只已经造好，钉子全部钉到了木头中间，到底用了多少钉子，只能任凭工匠们说了算。

一次，朱元璋又让工匠们造船，为了继续从中捞取油水，这些工匠们照例又像以前一样虚报了很多钉子。但是这次朱元璋没有同意，他率领文武百官来到河边，让工匠们把造好的船只拉到岸上，然后下令让人火烧船只。

当时，大家都不明白朱元璋的做法，怎么好好建造的船只又要烧掉呢？可是没人敢违抗朱元璋的命令，他们拿着火把将船只上的木头烧得干干净净，只剩下一堆铁钉。这时，朱元璋又让人将这些铁钉全部过秤称重，结果得出的重量仅是工匠们所报数量的1/10。这下，工匠们都胆战心惊地大喊饶命。朱元璋并没有处罚他们，而是定下了规定，以后船只所需钉子的数量，就按照秤上的标准。

随着企业的不断发展，腐败现象也频频发生，而腐败发生的原因，并不是由于犯事者自身道德水平低下，而是由于缺少了严格的监管制度。如果不对人员进行约束和监督，只靠他们自身的道德素养来抵制利益的诱惑未免太过草率。因此，一套设置合理、行之有效的制度对于企业来说是十分重要的。那么我们该如何建立这样一套制度呢？

首先，要确保规章制度的合理性和规范性。任何一家企业都想要实施有效的纪律约束，那么就必须确保制定的规章制度是合理规范的。因为企业制定规章制度的目的就是要让员工认真遵守，若空有形式则毫无意义。

企业在制定规范员工行为的制度时，要先经过详细的调查，认真细致地进行分析研究，并且结合企业内部的实际情况和员工的工作情况，在征求员工意见的基础上拟定出大家满意的规章制度。只有做到大家满意，人人参与，这样的制度才能行得通、推得开，否则只能是一纸空文。

其次，要保证制度与时俱进。企业制定规章制度时一定要保持灵活，随着外部、内部环境的变化而变化，决不能墨守成规，一成不变。某些制度如果早已过时，还要原封不动地拿来让员工遵守是绝对不合适的。任何规章制度都是时代的产物，必须适应时代的要求，按照时代的变化不断变化。社会在发展，时代在进步，企业也在不断扩大，原有的制度可能不适合今天的发展，那么就必须重新制定。否则只能让陈旧的制度束缚员工的创新能力，让企业在僵硬的条文中逐渐死亡。

最后，要保证规章制度的实际意义和全面性。企业制定的规章制度是为了更好地处理企业内部关系，促进企业长远发展。因此，制度制定得是否合适，要看企业的业务是否都反映在制度当中，是否将以往工作中出现的矛盾、扯皮等问题的解决办法纳入了制度中，是否明确地将每个部门的职责体现在制度中。

给管理者的忠告

有了好的规章制度，解决问题时便不再手忙脚乱。企业领导人要善于运用各种制度加强管理，推动企业不断发展，这是一种高明的经营理念。现代组织既要不断追求创新与变革，更要正视企业管理中规章制度的重要价值。

6. 从家族式经营到制度化管理

很多企业在创业初期，凭借家族成员间特有的血缘关系和相关的社会网络资源，以较低的成本迅速聚集起大量的人才，全员共同奋斗，甚至不计报酬，在很短的时间内获得巨大的竞争优势，完成原始资本的积累。从家族整体利益上看，由于利益的一致性使得各成员对外部环境的变化相当敏感，能够做出及时的反应，成员间能够很快达成共识，为共同目标奋斗。再加上家长制的领导，使得公司的决策速度最快，决定执行也显得十分得力。由于特定的血缘、亲缘关系，使得家族企业比其他企业拥有更强烈的凝聚力，家族成员间彼此信任及了解的程度也远远高于非家族企业成员。由于以上的种种优势，家族企业在一段时间里称霸市场，占领市场的绝大份额。

然而有资料显示，家族企业的平均寿命仅为24年，这与企业创始人的平均工作年限大致相同。也就是说，只有很少的家族企业能够传到第二代手中，而传到第三代手中的家族企业更是少之又少。为什么家族企业在发展初期如此旺盛，但却并不长命呢？从某些例子中，我们便能看到家族企业的弊端。

在新加坡，"杨协成"是一家历史悠久的餐饮公司，"杨协成"的创始人杨仁溜出生在福建晋江，于1901年在福建漳州开创了一家酱油厂，由此拉开"杨协成"这个家族企业发展的序幕。作为"杨协成"这个家族企业的创始人，杨仁溜与妻子共生育了8个子女。1935年，由于杨仁溜年岁较大，不得不退居二线，将自己的工厂交托给大儿子杨天恩负责。20世纪30年代中期，中国遭受战乱的侵害，政局动荡不安，为了扩大自己酱油厂的业务，杨天恩决定举家前往新加坡。

在新加坡，"杨协成"的业务蒸蒸日上，获得了稳定而又快速的发展。1956年，杨天恩决定将杨协成酱油厂改为杨协成罐头酱油厂有限公司，与此同时，杨天恩将酱油厂的资产平均分成7份，有5名兄弟和2名孙子各得一份。此举在旁人看来稀松平常，但是却为后来家族的内讧埋下了可怕的隐患。

进入20世纪60年代，杨协成罐头酱油厂的业务不断扩大，遍及马来西亚、欧美各国以及中国香港地区，成为新加坡本地公司走向世界市场的先驱。1985年，杨天恩仙逝，董事会决定将主席职位交予杨天成担任。但杨天成却婉拒了这个邀请，后来，杨天恩的儿子杨志耀接受了委任，成为杨协成公司的董事主席兼总裁。而此时，掩藏在公司内部的各种矛盾开始逐渐凸显。

在20世纪90年代，杨氏家族成员内部在投资决策和管理理念方面不断出现巨大分歧。虽然公司采用集体决策的方式，但由于杨氏家族的成员不断扩大，再加上杨志耀与叔叔们共同参与公司的经营管理，由于意见不合经常发生矛盾，导致公司的运行一度停滞不前。

杨氏家族的内讧无疑阻碍了公司的继续发展，在1993年，杨协成的业绩与前一年保持一致。在此之后，杨协成的业绩不断下滑，最终在1994年被永泰控股有限公司收购。杨氏家族的关系彻底破裂，同年5月，杨志耀向法庭申请破产。一个历经90多年的家族企业就此瓦解，令人唏嘘不已。

(摘自《中国家族企业为什么交不了班》)

家族企业在发展初期由于各成员能够互相体谅，同心协力共同奋斗，因此往往能够获得较大发展。但是当企业形成一定规模后，由于企业内形成的各类利益，交织的各种复杂感情关系，使得领导者在处理利益关系时会处于更加复杂，甚至是两难的境地。某些家庭成员会因为私人情感提出不合理的要求，保障自己的既得利益，由此便会阻碍公司的继续发展。从相当数量的例子我们可以发现，家族企业要想获得永续发展，长治久安，必须及时转变发展方式，由家族式经营转变为制度化管理。

所谓制度化管理即是指公司在管理中强调依法治企，健全规章制度，在管理中有理可依，有制度约束。制度化管理能够汇集员工的智慧，并且转化为公司具体的经营管理行为，形成统一、系统的制度体系，使得企业持续、稳定地发展。制度化管理更能有效发挥企业的整体优势，避免由于员工能力的差异导致企业的管理出现波动。

1984年，张瑞敏临危受命到青岛冰箱厂任职。在张瑞敏上任的第二天，他发现员工大多数都是八九点才上岗，十点钟就开始睡午觉。其他的员工更是在工作时间打扑克、下棋，有的人甚至在车间里随地大小便。看到这种情况，张瑞敏马上回到办公室，立即就制定出十三条规章制度，其中两条就是：不准在车间随地大小便；不准偷拿厂里的东西。

由于之前的几位厂长也制定过类似的制度，但是没有很好地贯彻执行，所以在张瑞敏的十三条规定出台后，很多员工并不当一回事。没过几天，一位员工在厂里偷了东西，上午十点钟被人抓住，十一点厂里便贴出公告，宣布开除该名员工的厂籍，并留厂察看。张瑞敏雷厉风行的行事风格让很多员工大吃一惊，他们发现这名厂长真是不一样，虽然制定的规章制度看似简单，但是却会严格执行。自此，十三条"军规"在厂里都得到了有效地执行，并成为日后海尔集团一套完善管理制度的雏形。

在制度化的管理下，公司制定的各项规章制度能够让员工们更好地了解公司，使得他们迅速地找对自己的位置，使工作更顺畅，为公司创造无限效益。美国管理大师柯林斯曾经说过："制度，是世界上最美的东西，没了制度也就没了品质，没了品质就没了进步。"由此我们可以得知，制度化管理在当今企业管理活动中的重要性。随着企业规模的不断壮大，必须及时将制度化管理提上日程。在加强制度化管理时不妨参照以下几点建议：

（1）维护公司规章制度的威严。

公司的规章制度不是领导突发奇想的构思，而是经过长期的探索和实践总结出来的经验,是全公司人员都必须遵守的行为准则。在制度面前,人人平等,任何人都没有超越公司制度的特权。而身为公司带头人的各级领导更是要主动遵守和执行公司的规章制度,自觉维护公司规章制度的威严。

(2)逐步完善制度体系。

当公司制度体系的框架初步形成后,并不意味着就可以置之不理。随着公司规模的不断壮大,公司的规章制度也要同步更新和完善,使它始终同公司发展的步伐相一致。

(3)严格遵守,依照规定行使。法令行则国兴,法令废则国衰。一个企业也是如此,企业管理必须制度化、规范化、程序化,对任何违规违纪现象要坚决予以打击。只有把制度贯彻落实到日常工作中,才能有效地执行下去,体现出制度的作用。否则,再完善的制度都是一纸空谈。

(4)加强员工的培训学习。

制度出台后,要让全公司的员工都能深刻认识到公司制度与其工作的关系,提高大家自觉遵守制度的自觉性。各级领导更要树立制度化管理的新观念,了解按规定办事的原则和流程,增强按制度办事、按程序办事的思想。

给管理者的忠告

企业开展制度化管理,能够为员工提供一个合理的、有效的管理制度,提高员工的工作效率和质量,在企业内部形成良好的企业文化氛围。在正确的管理制度下,企业的竞争力也大大提高,最终实现永续发展,保持强大的竞争优势。

第十三章
管理者自画像：修己是整个管理历程的出发点

> 行为决定作为，身为管理者既需要卓越的领导能力，也需要拥有良好的日常习惯。古语有云：修身、齐家、治国、平天下。管理者只有不断地修正自己，才能在带领队伍的过程中驾驭人心，朝着共同的目标前进，逐步从优秀走向卓越。

1. 你是否做到了"以身作则"

在企业中，如果管理者能够起到表率作用，以身作则地努力工作，那么他的热情将会慢慢感染身边的员工，使大家都形成努力工作的意识，在全公司都洋溢着积极向上的氛围。作为管理者，应该看清自己承担的职责。很多管理者觉得，自己只需要决定企业发展的策略就可以，对于制度的执行落实毫不在意，他们把自己的角色定位在描绘企业蓝图上，而具体的执行工作全部交给下属完成。这种观点放在古代可能无可厚非，但是放在今天却大错特错。

在企业管理中，管理者往往比较重视外部环境、员工的努力程度、商品和服务的质量以及顾客的评价，但是对于自身的执行能力却毫不上心。殊不知，领导自身的执行力是保持企业不断向上的重要因素。执行是一个管理者最重要的工作，真正优秀的管理者往往对自己所处的环境了如指掌，能够清晰地看到问题的所在，然后脚踏实地，积极面对，认真解决。

的确，管理者最重要的工作就是制定企业的发展战略，然而在制定战略之后，第一个执行人就是管理者自己。如果管理者只把自己当成指挥员，那么他就无法及时准确地发现战略在实施过程中遇到的问题，也就无法取得员工和客户的信任。

总的来说，管理者既是企业战略的制定者，更是战略的执行者。管理者的一言一行都将感染追随者的行为和思想，管理者的行为将引导企业的未来发展方向。在领导下属的过程中，管理者要以身作则，达到示范目的。在严于律己的同时,把律己的思想传递给所有员工,在企业成员中形成反响,让员工感受到企业领导人的魅力,自上而下地形成积极向上的氛围。

美国大器晚成的女企业家玛丽·凯认为,管理者的速度就是众人的速度,称职的管理者必须要以身作则。玛丽·凯举了这样一个例子:"如果所有的美容顾问必须对生产线上的工作了如指掌,这看起来并不复杂,只需要做好前期准备就可以了。但是,一个销售主任如果自己不是商品专家,那么他就没有资格说服一个美容顾问成为商品专家。一个毫不清楚商品知识的销售主任如何能让人信服,他又如何能开好销售会议?这样的销售主任只能在会上要求别人按照他说的去做,而不是按照他做的去做。"

玛丽·凯认为,一个管理者不但应该养成良好的工作习惯,更应该在细小问题上为员工做好表率作用,特别是在穿着打扮上,一个管理者的形象十分重要。身为化妆品公司的创始人,玛丽·凯十分注重自己的形象,她向来只有在形象极佳的时候才愿意接待客户,否则干脆闭门谢客。玛丽·凯认为,要是让公司的员工看到领导身上沾着泥点,那么他又如何能树立起威信来呢?在玛丽·凯的公司里,所有的销售主任都在模仿她的穿着,她也成了上千美容顾问在穿着方面效仿的榜样。

玛丽·凯注重在企业内部树立榜样作用,她清楚地知道,身为部门的负责人,管理者的行为会受到整个工作部门的关注。玛丽·凯说:"人们往往都会不自觉地模仿领导的工作习惯和工作方式,而从不去分辨这些习惯是好是坏。如果一个经理上班常常迟到,总是在工作时间处理私人事务,一天到晚游手好闲,那么他的员工也会照样画葫芦。如果经理每天下班都会清理办公桌,把没干完的工作带回家里,坚持当日事当日毕,那么他的下属也会模仿。身为管理者,重任在肩,职位越高,就越要重视自己的举止,时刻给人留下好的印象。以身作则的好处就在于你能带动你的下属,让他们照着你的样子去做。"

一个优秀的管理者,往往能做到言行一致,坚守道德原则,为自己坚信的理念不断奋斗,而不是说一套做一套。管理者只有以身作则,从说过的每一句话、每一个行动开始，言行如一，才能带动自己的下属，让下属感受到自己是可信赖的，可依靠的。

一家食品公司的总经理在管理公司的时候遇到了不少问题，他发现自己的企业失去了竞争力，进入了发展的瓶颈期。面对困境，他终于发现了问题所在，由于自己的员工没有良好的质量意识，最近生产的产品完全达不到出厂标准。这样的低质量产品在市场中完全不会被消费者青睐，因此业绩不断下滑。为了让员工树立起质量意识，总经理经常走到车间和员工休息室里进行宣传，就产品质量问题和下属们进行讨论，交换意见。时间一久，总经理的努力没有白费，全公司都形成了严格的质量意识，公司的销售额也不断上升。

这本是一次成功的改进，但是在临近年底的时候，由于订单过多，员工们连日加班身体早已疲惫不堪。就此大家加班加点的时候，一名细心的员工发现了一个非常棘手的问题。此次出厂的某款食品在密封方面存在严重问题，不符合公司对此环节的严格规定。他们犹豫再三，决定让总经理找回这批货物，然后重新检查再发货。但是总经理却给出了出人意料的答复，这批货照发不误。

最后的结果可想而知，该公司由于出现了严重的质量问题，企业形象受到严重损失，从此一蹶不振。我们不禁叹息，总经理用自己的努力在全公司树立起了良好的质量意识，然而当真正的质量问题出现的时候，总经理却选择了无视。他的行为毁掉了之前全部的努力，这真的是自己搬起石头砸了自己的脚。

其实，没有一个企业家不想让自己的企业做大做强。每个企业家的心中都有无限的憧憬，期待有一天成为市场中的龙头企业，占领市场最多的份额。但是这不是嘴上说说就能做到的，为了在现代的商业竞争中占领优势地位，不仅需要先进的技术和人才，更需要先进的管理理念和执行能力，而最重要的则要看管理者的自身素质。管理者是企业战略执行的主体，只有管理者以身作则，带头执行，才能在全公司扩散自己的影响力，让追随者照着领导的一言一行去做。对于如何实现以身作则，扩大影响力，可以参照以下的建议：

（1）目标一致。

管理者在制定战略及实现战略的行为上要保持一致，管理者的每一个行为都传递着榜样作用的讯息。

（2）角色一致。

管理者是企业的最高决策者，也是企业的发言人和沟通者。因此，在处理公司内部决策事务或是同客户沟通协商的时候，都不能委托下属去做。

（3）言行一致。

管理者的一言一行都被员工们时刻关注着，无论是在公开场合还是在私下里都要时刻注意，决不能做出不符合身份的举动，更不能做空头的承诺。

（4）风格一致。

管理者要保持相同的行事风格和领导方式，决不能按照心情随意变换。

给管理者的忠告

管理者的行为时刻影响着企业的发展，如果管理者走错了一步，那么企业的发展也将发生重大变化。如果你想要赢得员工的信赖和支持，就请你表里如一，以身作则，为他们做好表率作用，用行动彰显自己的能力。

2. 你是否搭建了"共享愿景"

企业愿景是指管理者依据企业当前的发展情况，对企业未来的发展做出的定位和预测。企业愿景能够及时有效地整合企业内外各种信息、资源渠道，并制定出未来的发展战略、核心价值，以及企业存在的意义。在当前的市场竞争中，企业所处的内外环境愈加恶劣，不可控的因素逐渐增多，在这样一个复杂的环境里，危机隐藏在各个角落。如果一个企业没有共享愿景，那么面对危机时只能束手无策，使企业的发展陷入泥潭之中。

说起企业愿景，它的意义包含四个方面。

首先，拥有共享愿景的企业能够广泛调动员工的自觉参与意识，按照企业既定的路线和方针行动。

其次，能够提高企业的知识竞争力。当前企业竞争的实质既是硬件上的竞争，更是软件上的竞争。哪个企业的集体智商高，哪个企业有出色的运转体系，哪个企业能够建立科学的客户网络、能够在实践中不断学习、不断进步，哪个企业就能够掌握更多的经营技巧和方法，占领更多的市场份额，实现腾飞。

再次，共享愿景能够改善企业内部关系。拥有共享愿景的企业能够有效地改变传统的劳资关系，使企业和员工在相互信赖和密切联系的基础上形成伙伴关系。

最后，共享愿景能够显著提升企业价值。一方面，企业愿景是由企业制定的，并获得企业认可的。另一方面，企业愿景也是员工对企业未来发展状况的期望，并且为了实现这个期望而不断努力，最终完成企业价值的提升。

1993年，路易斯·郭士纳开始掌管IBM。那时，IBM正处在风雨飘摇之中，不仅亏损了上亿美元，员工们更是纷纷离职。这时，路易斯·郭士纳说了一句话："IBM此时最需要的一件事就是建立愿景。"

仅仅依靠愿景就能把公司从破产的边缘拯救出来吗？许多业内人士和媒体记者们纷纷向专家学者们求问，专家认为："拥有愿景是好事，但还要取决于郭士纳如何定义他自己的愿景。如果他把愿景定义为'模糊的希望'，那么他的做法是对的。但如果郭士纳仅仅是在堵窟窿，那么是绝对没有任何帮助的。"

郭士纳首先承认IBM公司在过去做出的几项重大决策中所犯的错误，比如在台式计算机的竞争中失败，同时也承认并购莲花软件让公司无法对未来做出更合适的计划。同时，郭士纳也坦承自己和管理团队们正花费大量时间考虑未来的走向。郭士纳的坦白收到了极好的效果，由于他明确了公司的优势资源在于整合性的解决方案，避免公司被拆分。在1995年计算工业贸易展上，郭士纳发表演讲，在讲话中他对IBM未来的发展充满了期望，希望网络计算机能够驱动行业发展。同时，这一希望这也成了公司的战略愿景。

有了清晰的愿景，IBM公司涅槃重生，开创了一个又一个行业奇迹，年度增长率甚至超过了20%。由衰败到发展，IBM创造了一个又一个不可能的奇迹，这个非凡的成就也证明了拥有共享愿景的意义。

拥有愿景的企业，即使面临再大的危险也能化险为夷，并创造出卓越的文化。在这种文化氛围中，全体员工都能同心同德，为共同的目标而不断奋斗。在制定愿景时，管理者还必须弄清楚愿景与目标之间的区别。一些人认为愿景就是目标，目标就是愿景，两者只是称呼不同罢了。但这却是一种误区，目标是清晰的、可看见的，是通过努力能够实现的，但愿景却是一种内心的愿望，是一种驱动力，它不一定要求清晰可见。

有时候，愿景只是一种模糊的希望。目标可以有长期目标、短期目标、中期目标，但是愿景只能有一个。从被确立之初开始，不能轻易改变。因此，愿景必须要足够远大，大得不能轻易实现。否则，一个轻松容易实现的愿景是不会被人重视的，人们就会失去前进的动力。愿景能够激励人心，远大的愿景一旦能够实现，便意味着组织中的每一个人都实现了自我超越，这是最高层次的自我实现。

华特·迪士尼在创办自己的主题公园时就树立了远大的愿景，他希望自己的公园能为每一个人带去欢乐，并把自己的公园标榜为制造快乐的天堂。由于拥有了远大的愿景，迪士尼和他的员工们所做的所有工作都是为了游客。

"为每一个人带去欢乐"，这是在这个愿景的帮助下，每一位员工都去充分了解自己在公司的基本任务。而迪士尼则对员工们提出了更高的要求，他要让每一个离开的人，都要保持来时的微笑。迪士尼并不在意游客们在公园里待的时间是长还是短，他只希望每一个游客能够快乐地游玩，因为他们是制造快乐的产业。

一个企业的管理者必须清醒地认识到，自己的团队要走向怎样的未来。在最初制定愿景的时候，管理者可以尝试向员工问这样的问题："这个愿景看起来远大吗？鼓舞人心吗？你愿意为拥有这样愿景的公司工作吗？我们还需要补充些什么？这个愿景有指导意义吗？我们该舍去什么？"向员工询问，让员工充分参与，可以加深他们对愿景的理解和行动承诺，帮助管理者共同开创美好的愿景。

很多伟大的企业家都曾有过美好的愿景，比尔·盖茨的愿景是"使每一个人的办公桌上都有一台电脑"，亨利·福特的愿景是"使汽车大众化，让每一个人不会因为薪水太低而无法拥有它。"在一定程度上，愿景就是理想。可以想象，如果一个人失去了理想的话，他会是什么样子？肯定和行尸走肉一般，做什么事情都缺乏热情，没有动力。如果一家企业没有理想，没有愿景，肯定会出现相同的问题。因此，建立起共同的愿景十分重要，它能激发团队内部成员的驱动力，维持团队持久的战斗力。在树立企业愿景时，不妨参照以下的方法：

（1）确定企业的经营意志。

制定企业愿景，首先要分析企业意志。企业意志是企业的核心理念，是企业成员共同的目标。只有在正确分析企业意志的基础上，才有可能建立起共享愿景，并贯彻执行。在确立企业意志时，要参照企业现有的资源、能力等外在因素，并充分考虑未来的发展方向。

（2）依据企业意志制定相应的经营战略。

企业愿景是企业确立未来的使命并逐步实现的过程，因此企业必须充分认识到相应的经营战略对愿景实现的重要性。企业结合市场状况、同行业竞争对手的发展状况制定出合理的、科学的发展战略，为企业愿景的实现打下坚实基础。

（3）将经营战略逐步分解。

分解了的战略才显得更加清楚明白，才能让员工们更好地了解，才能为每一个人制定合适的工作要求和标准。具体来说，企业经营战略可以分解为明确的业务、具有挑战性的目标和富有弹性的目标。

（4）在全体人员中形成共识。

经过逐步分解，愿景会在员工心中由虚变实，具体的工作要素也会更加清晰。之后，企业还需要将愿景和员工们真正结合起来，使得企业的愿景被全体员工接纳，并形成企业的共识。

给管理者的忠告

一个没有愿景的企业，所有的员工虽然每天都在忙忙碌碌，但业绩始终徘徊在原来的位置，没有明显的提高。缺少愿景的团队，每个人工作仅仅是为了生存，而不是为了理想。一个只有生存、没有希望的团队，是绝无战斗力可言的。因此，管理者要重视在企业内部树立起共享愿景，用共同的愿景激发团队的激情，始终保持高昂的战斗力。

3. 你是否习惯于"挑战现状"

俗话说："不想当将军的士兵不是好士兵。"这句话的意思很浅显，就是教导我们要不断进取，不断挑战现状，让自己朝着更高、更远的方向努力。现今很多企业的领导者都有一个宏伟的志向，希望把自己的企业做大做强，甚至迈入世界市场之中。但是他们在拥有雄心壮志的同时也害怕失败，而这种害怕甚至阻碍了他们继续前进的步伐，让他们畏缩不前。一些领导者总是觉得，现在的时机还不够成熟，不适合大肆改革，更不敢轻易地挑战现状，生怕出现差错，让自己血本无归。然而就在他们数次的等待中，机遇也悄悄地溜走了。正所谓"机不可失，失不再来"，看见机遇就要果断地伸出手抓住它，决不能瞻前顾后，不敢施展身手。

很多时候，由于企业的规模不断扩大，企业的发展走向正途之后，领导者便养成了一种习惯：喜欢按照既定的规则和制度来办事。这个时候的他们没有之前的闯劲，面对现状只顾舒适地享受，而忘记了去挑战和改变。企业的发展并不能永远地顺风顺水，只有不断改革，不断挑战现状才能让企业获得永续的发展，得到持久的生命力。因此，想要让企业继续发展，就要勇于改变不适应长期发展的模式，勇于挑战现状。

高明的领导者是在问题发生之前就将问题的幼苗扼杀在摇篮中，而不是等到问题彻底发生的时候去解决它。很多有经验的领导者觉得，这个世界上并没有万无一失的财富等着你，风险和机遇是成正比的，想要获得更多的财富，就要冒更大的风险。一个公司的创办必会遇到各种各样的问题，既有顺境也有逆境，但是只有在逆境之中才能看到一个公司是否真的优秀。只有那些在逆境中拼搏的公司才能最终斩获胜利，取得成功。

百年城集团有限公司的董事长吴云前经过多年的拼搏，已经拥有了雄厚的资本，他可以充分利用自己的资金投资各种行业，但是令人没有想到的是，他却选择投资最具风险的商业地产领域。

那个时候，商业地产在各个城市都是非常火爆的投资热点，大连也不例外。作为一个港口城市，大连拥有得天独厚的优势，商业贸易往来十分发达，商业地产看似是一个十分有商机的领域，这既是优势也是劣势。尽管大连近些年的发展势头不错，但和北京、上海等国内一线城市相比，大连就略逊一筹，而且很多业内人士也向吴云前建议，商业地产的风险太大，应该采用保守的投资方式，不然就会带来巨大损失。

面对这块烫手的山芋，众人一时都不知如何是好。这时，吴云前率先决定进军商业地产领域。在大连最繁华、商业竞争最激烈的青泥洼桥，吴云前开始了第一个商业地产的投资项目——百年城。吴云前说："现在有很多世界级的奢侈品牌十分注重地段的选择，然而合适的地方总是少的，所以他们更喜欢把专卖店开到香格里拉之类的地方，也正是因为这样，我看到了商机。"在投资百年城后，吴云前觉得自己要开始挑战下一个目标，而这次他把目标瞄准了普通消费者。时隔不久，百年城集团就在二七广场建成了温州城，吸引了众多商家入驻。

企业在变革中求生存、求发展，已成为今日许多企业的经营战略。著名的商业分析师彼得·德鲁克认为领导者是改革的先锋，他曾经说过："现今管理者面临的最大挑战就是如何将企业带向变革的高峰。领导者能将变革视作宝贵的机遇，在变革中寻求发展的方向，逐步走向成功。"

企业的领导者必须积极面对变革，迎接变革，接受变革，用变革为企业带来新的机遇和生命，推动企业持续向前发展。正是依靠变革，很多百年企业至今仍屹立不倒，充分占据着广阔的市场份额。在此，作为企业领导，除了要具备积极变革的态度之外，还需要充满自信和远见，能够在危机中培养敏锐的嗅觉，提升抗压能力，提升坚持不懈的毅力以及与员工的沟通力。

马修在通用公司工作了将近17年，作为一名高级工程师，他一直兢兢业业，但每天重复的劳作却让他厌烦。最近的一段日子里，有一个想法一直在他脑海里挥之不去，他想辞职自己开一个公司。虽然曾经也有过类似的想法，但是他总是找出各种借口推脱掉，例如资金不足、可能会一败涂地、家人需要稳定的经济来源等。但这次的想法来得特别强烈，让马修十分苦恼。他最终把这个想法说给了自己的妻子，希望能得到解脱。

妻子听完后，很镇定地对马修说："如果你真的想要去做的话，我一定会支持你，但是如果你因为不敢冒风险而不去做，你会后悔一辈子。"有了妻子的支持，马修最终决定辞职，离开了公司的他决定要大干一番事业。虽然最初的几年时间里，马修的公司只有他一个人，要负责各种细枝末节的事务，但是马修从没有过任何怨言。

经过几年的发展，马修的公司终于小有名气。现在，马修对自己有了新的认识，他开始敢于挑战现状，追求更高、更远的空间。马修的亲朋好友也对马修更加尊敬，他们对马修的行为表示钦佩，纷纷赞赏他敢于挑战现状的勇气和精神。

成功的人都深切地明白自己到底需要什么，他们永远把挑战现状放在工作的第一位，而把享乐放在最后。因为他们明白，只有敢于接受挑战的人才能过上有意义的生活。一个只懂得安于现状不求改变的领导者是不能成就大事的，改革刺激突变，让原有陈旧的组织机构焕发出新的生机，也让自己获得了新的发展，成为一个崭新的自己。

很多领导者不敢去变革，他们生怕在平静的湖面上激起涟漪。在变革的过程中难免会碰到很多问题，而面对失败的变革，很多领导者认为是由于技术、顾客的偏好、员工自身的问题等原因造成的。但事实上，这些只是部分的原因，问题的根源在于公司是否能够有效地运用员工的能力和才智，调动大家的积极性共同投入变革的过程中来。据调查，在实施变革的企业中有将近60%的企业最终失败，而原因就在于员工不配合。在这些企业里，变革过程为企业带来了明显的负面氛围，员工不断抗拒，最终变革失败。

对此，企业的领导者应该采取公开的沟通，而不是以利益或是金钱为诱饵，迫使员工们化解抗拒心理。除此之外，领导者要积极宣传变革的良好影响以及为企业和员工带来的价值，消除员工们的抵触情绪。在变革的开始，领导者就要强有力地推动变革的实施，打破原有的平衡状态，积极建立新的秩序。

给管理者的忠告

当前公司想要在竞争中胜出，就要善于做出改变。只有适应未来竞争要求的公司才能获得长足的发展，这也是企业的核心竞争力之一。尽管很多领导者都明白这个道理，但是仍然有很多不合理的制度或是陈旧的观念阻碍着变革的实施。所以，领导者要积极地消除这些阻碍的因素，让每一个人都具备开拓创新的精神，形成变革意识。

4. 你是否善于"激励人心"

某杂志曾经做过一项调查：你认为优秀的管理者需要具备什么样的能力？在众多选项中，激励他人的能力获得大家最广泛的支持。第二次世界大战期间著名的艾森豪威尔将军曾说过这样一句话："想要赢得一场战争，必须要首先激励士气。"同样，对于企业来说，拥有昂扬的斗志和士气是非常重要的。美国商业大亨大卫·利连塔尔认为，管理下属是一项艺术而不是技术，管理的目标是为了激发人们的创新能力、欲望和灵感。因此，想要衡量一名管理者是否称职，就要首先看他是否善于激励人心。

一个善于激励人心的管理者能够有效调动起员工的热情，只有鼓舞士气，让团队成员热情高涨，才能齐心协力共同为企业奋斗，推动企业不断向前发展。管理者只有时常激励员工，才能得到员工的衷心拥护和无限爱戴，才能实现有效领导。因此，可以这样说，一个不会激励人心的领导也就自觉地远离了成功。

当今有很多领导者虽然知道激励人心的重要性，但是他们却坦白自己实在是不懂得如何激励他人。究其原因无外乎三点：第一，对人心激励存在认识盲点。很多领导者认为自己的下属就是一台完成任务、实现目标的机器，只需要不断地传递给他们指令，让他们不出错地完成就行，不需要在一旁加油打气。另一方面，领导者认为自己有更重要的事情要做，无法浪费时间和精力去做与他们一样的事情。第二，不会激励。很多领导者在实际工作中并不知道要通过何种方式激励员工，往往只是采取简单的金钱、物质奖励。第三，不敢奖励。很多领导者认为企业取得的成就是依靠自己的英明领导，自己占的功劳最多。如果奖励了员工就会让他们骄傲自满，不再努力工作。

事情真的是这样的吗？激励人心真的有这么难吗？我们不妨来看一个故事，或许能从中获得一些思考。

在第二次世界大战期间，巴顿将军以其凶悍勇猛的作风闻名，甚至被人指责为了取得战争的胜利不惜牺牲士兵的生命。其实，巴顿将军对于自己的团队有一套独特的管理办法。巴顿将军明白，要想赢得战争的胜利，首先要让士兵们明白团队的使命和目标。因此在打仗之前，巴顿将军就明确地告诉士兵们："你们即将奔赴战场，此次战争的目的有三个：第一是为了保卫我们的祖国和亲人；第二是为了我们军人的荣耀；第三是赢得战争的胜利。"

有了明确的目标，接下来就要为士兵们加油打气。巴顿以一个身经百战的老兵身份鼓舞士兵们："你们是第一次上战场，如果害怕是情有可原的，这没有什么丢人的。如果哪个人跟我说他完全不害怕，那肯定是在吹牛。真正的英雄敢于说出自己的胆怯，他照样是一名男子汉。大家要明白，你的敌人比你还害怕。"巴顿将军用自己的亲身经历为士兵们消除了恐惧，好让他们有勇气奔赴战场，打一场漂亮的胜仗。

紧接着，巴顿将军为士兵们描绘了一幅美好的愿景。他说道："当我们打赢了这场战争，凯旋回家后，每一位弟兄都能获得一份值得夸耀的荣誉。等你们有了孩子，有了孙子时，你可以理直气壮地对他们说：'爷爷我那个时候和巴顿在一起并肩作战呢！'"巴顿用诙谐的话消除了士兵们的紧张感，这种幽默的鼓舞方式让士兵们热血沸腾。虽然巴顿这次的演讲只有短短的十几分钟时间，但起到的效果却非同凡响。他成功地鼓舞了军队士气，使士兵们精神振奋，战斗力大大提高。

巴顿是个高明的领导者，他洞悉士兵们的心理情况，并选择主动和他们拉近距离。在演讲中，巴顿并没有表现成一个高高在上的领导，而是一个满嘴脏话，完全感受不到架子的粗俗士兵形象。巴顿用这种方法使自己融入士兵之中，不仅让士兵们产生一种认同感，而且会觉得将军永远和他们一起并肩作战，勇往直前。

其实，企业的领导者也可以借鉴这种方法，用同样的方式来鼓舞员工们的士气。企业成功的方法有很多种，可以凭借多种手段实现短期的高额利润，也可以通过雄厚的资金来购买最先进、最现代的技术或设备。但是，如果一个领导没有鼓励士兵的精神，就无法形成坚不可摧的团队士气，这样的企业很难做成大事。

SOHO的董事长潘石屹是一个典型的激励式领导，他在给自己公司的销售人员培训时只说两句话："销售人员不要说假话；销售人员不要说别人的项目的坏话。"除了这两点，销售人员可以自由发挥，想怎么说就怎么说，想怎么做就怎么做。用哪种方式和客户沟通，怎么沟通都依照销售人员自己的方式来办。

在SOHO公司内部，潘石屹很少对员工进行监督。很多人会觉得不可思议，不进行监督那么怎么管理团队呢？潘石屹认为：不去监督并不等于没有监督。公司里每一位员工都有自己明确的目标和人物，SOHO为员工们提供了合适的竞争空间，对于员工的工作给予充分的空间和自由。虽然潘石屹充分地授权给员工，不干涉员工的工作，但是他依然设置了考核方式。每到考核的时候，管理层会为所有员工前一季度的工作表现评分。在潘石屹看来，只有充分调动员工的主动性和创造性，才能让他们完美地完成目标。

现代企业需要激励，如果缺少激励，员工就会丧失目标，找不到前进的方向。现在我国有很多企业办事效率低下，效益不高，员工们不思进取，懒散懈怠，从根本上说正是因为缺少激励。鉴于此，管理者要千方百计地将激励机制引入到企业管理中，激发员工们的斗志。在激励员工上，可以借鉴以下几个方面的技巧。

第一，坚持以人为本，认真对待员工。出色的经营离不开人，高明的管理离不开人，管理者要用真诚、感人的价值观去激发员工的热情。在管理中应该要以人为本，以员工为中心，尽力满足员工的愿望，主动去倾听和解决他们的抱怨，让员工积极参与企业的发展决策，使他们感受到企业的重视和尊重，在潜意识里感受到自己的价值和重要性。

第二，了解员工的真实需求，进行针对性的激励。员工是带着需求进入公司的，只有了解他们的需求才能有效地调动他们的积极性。因此，在制定和实施激励政策时，要首先了解员工的真实需求是什么，并且将这些需求整理归类，制定相对应的措施，帮助他们实现这些需求。

第三，建立公平、公正、合理的激励机制。激励机制一定要公平公正，员工在企业里会自觉或不自觉地拿别人同自己进行比较，看其是否受到了公正的对待，是否获得了合理的报酬。如果激励机制不合理，必将影响到员工的工作情绪和态度。因此，在激励机制出台之前，必须广泛地征求员工的意见，只有得到了大多数人的认可，才能执行下去。

第四，建立科学的绩效管理制度。很多企业虽然实施了绩效管理，但大多流于形式，并没能真正地落实。如果企业缺乏绩效管理，那么就无法体现出薪酬的公平性和激励性。企业应该重视绩效管理，让绩效决定员工的薪酬待遇，将员工的思想统一到绩效上来，充分发挥绩效的能动作用，调动员工的积极性。

给管理者的忠告

企业的发展需要人，企业的成功依靠人，没有哪家企业能够离开人的创造而实现成功。因此，企业要根据实际情况，选择合适的激励手段，激发员工心中的热情，真正建立起符合企业特点的和员工需要的激励体系，激发员工的潜力，提高企业的竞争力。

5. 你是否有能力"使众人行"

现代企业的领导人需要以德服人、以才服人，而不是依靠自己的地位或是势力让人屈服。中国有句古话叫做"请将不如激将"，也就是说想要获得下属的认可和佩服，必须要激发员工们的潜能和积极性，让全体员工树立起责任意识，为企业负责，这才是领导者需要掌握的"使众人行"的管理技能。

领导想要让下属真心实意地为自己办事，就需要恰当地激励下属，为他们提供合适的舞台和空间，能够真正地展示他们的才华，这也是获得信任的最快方式。优秀的领导拥有服人之能，优秀的下属拥有创造性的执行力。领导者注重团队协作，致力于打造一支富有激情的团队，他们总是努力营造相互信任、相互尊重的氛围，并且通过授权，释放每一位员工的潜能，迎接工作中更大的挑战。因此，领导者就需要给予有能力的下属一定的发展空间，让他们释放自己的才能，追求事业上的成就感。

一般说来，一个具有创造性思维的人喜欢在自由的环境里工作，这样他们就能毫无顾忌地施展才华，逃脱束缚去做一些从来没做过的事情，实践新奇的想法。在这一点上，西方的企业做得就非常到位，我们不妨来看一个国外企业的例子。

Java的创始人麦克尼里在大学期间就想和同学一起创建一家计算机企业，并构思好了这家企业的名称——Sun。时至今日可能很多人都不曾听说过这家公司，但是我们每天都在和这家公司打交道，甚至离不开这家公司，因为我们的手机中都有Java这样的程序。由于Sun公司的专业性，它成了很多系统开发、软件编程专业学生向往的天堂，很多人都想到这家公司工作，俨然成了他们心中的圣地。

为什么Sun公司能够如此吸引科技人才呢？很重要的一点就是因为Sun公司明白"使众人行"的道理，它为员工们提供了一个自由自在的工作环境，在企业内部就像是一个大家庭一般。麦克尼里说："员工向往我们的公司是因为他们热爱这家公司，同时也认为我们的公司是一个快乐的地方。我极力维护企业内部的文化氛围和下属的生活方式，我认为只有宽松、舒适、自由的工作环境才能让员工发挥最大的才能。"可以说，Sun公司的成就很大程度上取决于麦克尼里的做法，而这也让他收获了不小的成就。

1990年，Sun企业的软件工程师帕特里克·纳夫顿对目前的工作环境不满，一心想辞职跳槽到Next公司工作。原本员工跳槽离职都是稀松平常的事情，但是身为领导的麦克尼里却觉得这不是一个好的兆头，企业内部一定存在着类似的隐患。于是，麦克尼里请求纳夫顿说出心中的不满，为自己的公司提出建设性的建议。纳夫顿想着：反正自己也要离职了，那么就直话直说。他向麦克尼里大胆地发泄心中那些不满，认为企业管理太过严格，限制了他们的创造性。在听完纳夫顿的抱怨后，麦克尼里没有让纳夫顿离职，相反他恳求对方能够继续留下，并给出了极具诱惑性的条件——让纳夫顿成立一支高级软件开发小组，并且给予他们充分的自主权，想做什么都可以。

有了总裁的支持，这个小组充分发挥每个人的才能，通过不断研究，终于开创了internet发展史上的里程碑，研发出富于传奇色彩的Java。Java的诞生让麦克尼里声名大噪，不但闻名世界，更让自己的公司吸引了来自世界各地的大批人才，他们成就了Sun公司，而Sun公司也让他们实现了自身价值。

为下属提供充分发挥的自由空间，首先要求领导者充分信任自己的下属，只有这样才能激发他们的工作热情，从而带来意想不到的效果。心理学家发现，信任他人的人比那些经常怀疑他人的人更容易得到快乐，而这

265

样的人也更容易做出成绩，实现人生的价值。有研究指出，世界一些知名企业都拥有宽松的工作环境，它们都能充分发挥信任的力量，用这种力量来激励员工。对于如何激发员工的潜能，现代企业的领导者可以参照以下的建议来做。

（1）允许下属表达他们的想法。

很多企业的领导者总是摆出一副高高在上的姿态，对于员工的想法和建议置之不理，在这种企业工作的员工由于自己的意见得不到采纳，久而久之便失去了工作热情。因此，领导者必须尽可能地为下属制造表达想法的机会，并且对他们的意见及时进行反馈。只有双方进行了良性沟通，领导者才能从员工那里获得第一手情报，准确掌握企业运行的弊端，并及时解决，为下属创造良好的工作氛围。

（2）适当放权。

优秀的领导者只需要向下属传达工作目标，剩下的工作细节便完全交托给员工负责，这是一个让员工充分发挥才能的好机会。每个人都有自己擅长的领域，也有不熟悉的方面，在授权时，领导者必须大胆起用人才，做到人尽其才，充分授予其权力，让他能够独立自主地做决定。这是管理员工最有效的方法之一，也能让公司适应发展潮流取得成功的必然要求。

（3）让员工敢于加薪升职。

敢不敢说出自己的心中所想，敢不敢向领导坦言自己加薪升职的愿望是考验员工实力和勇气的最好办法。中国是礼仪之邦，人们都讲究谦虚谨慎，不善于说出自己的真实想法。但随着全球化进程的加快，西方的自由思想深入身心，人们的观念也发生了翻天覆地的变化。有领导者坦言，一位敢要高工资的员工，首先说明他确有能力、有勇气。在职场之中，只有那些敢于走在浪潮前面的人才是真正的成功人士，而那些掩饰真实想法的人永远都不可能有出路。

（4）让员工自己解决问题。

在创造了自由的空间之后，领导者就该退居幕后，而不是到台前继续指手画脚，对员工的行为大肆指点。当员工遇到问题不知所措的时候，领导者不妨将自身经验传授给他们，启发他们解决问题的思路和方法，而不是把自己知道的方法全部教给他们。离开员工，让员工自己去拼搏是检验领导是否优秀的最好方式。很多企业的领导者平时并不在公司办事，只需要每天或者每星期听取下属的汇报即可。如果能放手让员工自主行事，那么就能培养员工独当一面的能力。

给管理者的忠告

现代企业的发展要远离家长式的管理，手把手的指导早已成为了过去，如今的领导者不需要一五一十地把解决问题的方法和经验全部教授给下属，而是稍加点拨，仅仅告知员工如何去做，然后静等员工们的结果。让员工自发地为企业的未来着想，有利于培养他们的主人翁意识；充分授权，给予自由、宽松的空间，那么就算领导不在公司，企业也能够照常运转。